KB233490

우물
뛰쳐나가는
시간 따로
있는가?

31년 된 50살 지방공무원의
변화를 향한 도전

우물 뛰쳐나가는 시간 따로 있는가?

양원희 지음

이담 Books

책머리에

2012년 2월 17일, 지식경제부로 2년간의 파견근무를 신청한 이날이 과연 먼 훗날 내 삶에 어떤 날로 평가받게 될지 이 글을 쓰는 순간에 더욱 궁금해진다. 지난 50년간 삶을 살아오고 31년간의 공직 생활을 해오는 동안에 수없이 해왔던 선택과 결정 중에서 가장 충동적이었고, 극단적이었다. 어느 정도의 분별력을 가지고 사리판단을 하면서부터 나 스스로 기르고 쌓아왔던 결정방법의 원칙인 '심사숙고(深思熟考)'를 깨뜨린 것이다.

2월 20일 파견근무가 확정되었다. 수도권 생활과 지식경제부로의 첫 출근을 위하여 하루 전인 3월 1일 사랑하는 아내 김순이, 아들 소룡이와 함께 단출한 짐을 가지고 수원으로 이사하였다. 14일간 내 정신과 육체, 그리고 가정과 직장생활 속에서 엄청나게 큰 변화가 있었다. 그동안 한순간도 빠짐없이 머릿속에서 맴돌던 낱말들은 "도전, 변화, 갈등, 고민, 후회, 두려움, 안정, 다짐, 각오, 체면, 자존심, 미래, 결과, 책임" 등이었다.

이 글은 지식경제부 파견근무 신청부터 첫 출근하기까지 14일간(2012. 2. 17~3. 1)의 내 마음과 주변에서 일어났던 일들을 그냥 묻어두기가 개인적으로 너무 아까워 4일간 구상하여 80일 동안 쓴 것이다. 아마도 좀 더 일찍 끝냈더라면 그 느낌이 더 생생하고 진솔하였을 것이다. 그러나 동해 촌놈(동해를 비하하는 것이 아님)이 수도권에서 처음 생활하다 보니 많은 스트레스를 받았으며 하루빨리 적응하기 위해 원고 작성을 뒤로 미루어놓을 수밖에 없었다. 인간은 '망각의 동물'이라고 하였는데 하루빨리 끝내지 못한 것이 대단히 아쉽다.

내용 중에 실명(實名)이 등장한다. 이름을 공란으로 처리할까 몇 번을 망설였는데 그분들의 뜻이 진심이라고 믿기에 밝히기로 결심하였다. 또한, 개인적으로는 그분들의 관심과 사랑을 오래도록 간직하면서 파견근무 기간, 더 나아가 앞으로의 삶을 살아가면서 그때의 각오를 되돌아보고 채찍질하는 귀중한 '나만의 자산'으로 삼고자 한다. 혹시 불편한 분이 계신다면 이점 널리 양해하여 주시기를 간곡히 부탁드린다.

이 글이 앞으로 나와 같은 과정을 겪게 될 단 한 명의 독자에게라도 도움이 되었으면 하는 바람이며, 졸저(拙著)를 6권째 출간해주신 한국학술정보(주) 채종준 대표이사님과 관계자 여러분께 진심으로 깊이 감사드린다.

2012년 7월
양원희

Content...

01

우물 안 개구리,
새로운 도전과 변화를 찾아

01 / 우물 안 개구리, 새로운 도전과 변화를 찾아

우물 안 개구리

　한자로는 '정저지와(井底之蛙)'로 표현하며 '① 사회의 형편을 모르는, 견문이 좁은 사람과 ② 견식이 좁아서 저만 잘난 줄 아는 사람을 비유적으로 이르는 말'이다. 우물은 '물을 얻기 위하여 땅을 파고 물이 괴게 만든 시설'을 말한다. 물과 개구리를 떼어놓고 생각할 수 있을까? 물 밖에서도 살아갈 수는 있지만 물(수분)이 없는 곳에서는 오래 버텨 내지 못할 것이다. 그러기에 강이나 하천과 비교하여 좁다는 의미도 있지만 물이 늘 괴어있도록 인위적으로 만든 우물과 개구리를 엮어서 속담을 만들지 않았을까 싶다. 이 속담에 관한 얘기를 더 많이 하면 중언부언(重言復言)이 되므로 이쯤에서 끝맺는다.

　우물에도 큰 것과 작은 것, 깊은 것과 얕은 것, 물의 양이 많은 것과 적은 것, 수질이 좋은 것과 나쁜 것 등 여러 가지가 있으며 개구리도 청개구리, 산개구리, 두꺼비, 황소개구리 등 여러 가지가 있다. 나를 지금까지 보호하고 가둔 우물은 어떤 것이었을까? 자칫 주변 여건과 환경 탓으로 돌릴 생각이 들기도 하였으나 곰곰이 생각해보니 내 사고와 신념이 우물의 실체임을 알게 되었다. 왜 좀 더 일찍 튼튼한 보호막으로서 너무 안전하다고 믿고 있었던 우물로부터 뛰쳐나갈 생각을 하지 못하였을까? 새로운 것(세상, 사물, 상황)에 대한 막연한 두려움과 도전하여 극복할 자신감이 없었기 때문이다. 나 스스로 우물을 만들고, 그 우물이 세상의 모든 것인 양 우물 속의 개구리로 만족하면서 지내왔다고 할 수 있다. 그럼 지금은 두려움이 사라졌다는 말인가? 더 나아가 예전에 없던 싸워볼 용기와 자신감이 생겼다는 말인가? 그것은 아니다. 더 늦었다가는 이런 도전의 기회마저 얻지 못할까 봐 두려웠던 것이고, 변화에 대한 절박한 욕구 때문이었을 것이다.

변화를 향한 새로운 도전

변화는 '사물의 모양이나 성질이 바뀌어 달라짐'이고, 도전은 '정면으로 맞서 싸움을 거는 것'과 '어려운 일의 성취나 기록 경신 따위에 나서는 일을 비유적으로 이르는 말'이다. 모든 삶과 생활은 도전의 연속 위에서 이루어지고 변화의 산물이라는 생각이 든다. 매일 쳇바퀴처럼 반복되는 일상이지만 지나간 시간과 지금 보내고 있는 시간이 다르며, 앞으로 마주하게 될 시간 또한 분명하게 다르다.

주어진 일이므로 매일 똑같은 일을 반복한다고 해도 시간과 같은 맥락으로 이해하고 싶다. 이는 시간이 지나감에 따라 변화와 도전의 주체인 사람의 몸과 마음이 필연적으로 달라질 수밖에 없으므로 여기에서 비롯되는 모든 것도 변화하는 것이 당연한 결과라고 한다면 너무 지나친 비약일까? 우물 속에서도 변화는 일어나고, 우물 안의 개구리에게도 변화의 욕구는 있으며 정도의 차이는 있지만 보다 나은 방향으로 개선, 발전하기 위하여 도전은 계속되고 있다고 본다. 이런 노력마저도 없다면 흐름이 없이 고인 우물은 점점 썩을 것이고, 종국에는 생명까지도 위협받게 될 것이다.

그럼, '왜 우물 안과 밖'의 개구리를 극단적인 비교의 대상으로 삼은 것일까?

우선은 변화 목표를 향하여 도전하는 과정에서 직면하게 되는 어려움의 크기가 비교하지 못할 정도로 극명하게 차이 나기 때문이 아닐까 한다. 다음은 변화하고자 하는 욕망의 정도, 수준과 가치, 긍정적인 방향으로 변화가 성공하였을 경우에 개인적인 차원을 넘어 사회·국가적으로 큰 반향을 불러일으키고 공헌하기 때문일 것이다.

우물 안은 내게 도움이 된다고 생각되는 것들로만 겹겹이 쌓아놓은, 그래서 대부분이 내 마음대로 좌지우지(左之右之)되는 곳이다. 그러나 밖은 전혀 상반되는 곳으로서 수많은 장애물을 시도 때도 없이 만나게 되며 내 마음대로 할 수 있는 것이 거의 없다. 극복해야 할 장애물이고, 반드시 넘어야 할 산이다. 많은 경쟁 상대들과 싸워 이겨야 한다. 그러기 위해서는 피땀 흘려 노력하고 매진해야만 한다. 이 과정은 매우 혹독하고 힘들다. 누구나 성공을 갈망하고 애쓰지만 좌절하고 실패할 소지가 너무나 많다. 그러하기 때문에 도전하여 성공적인 변화를 만들어 내는 것이 더욱 값지고, 그 열매도 크며, 수많은 사람으로부터 부러움과 존경의 대상이 되는 것이라 믿는다.

지금까지 우물 안에서도 내가 만든 기준과 나름대로의 방법으로 변화를 위한 도전은 계속하였다. 눈에 뜨이는 대로 주제 가리지 않고 책을 읽었으며 30년 동안 못해도 1,500권 이상은 되리라. 뒤로 쳐지는 것이 두렵고, 배움은 살아 있는 동안 계속해야만 한다는 마음으로 방송대 2개 학과를 졸업하였고 지금은 대학원에 재학 중이다. 건강의 중요성을 깊이 인식함과 동시에 내 몸과 정신력의 한계상황을 시험하기 위해 마라톤 풀코스에 도전하였고, 지금도 수시로 풀코스를 뛰며 몸과 마음가짐을 추스른다. 결코 쉽지 않은 '내 책 만들기'에 도전하여 어느덧 6권째 원고를 쓰고 있다. 1년간의 장기교육 과정도 어렵게 마쳤으며, 쪼들리는 내 용돈과 가정 형편이지만 자비(自費)를 들여 미국과 캐나다 등 3회에 걸쳐 5개국을 여행하기도 하였다.

그럼, 나는 앞으로 대체 무엇을 위해 쉽지 않은 새로운 도전을 하는 것이고, 어떤 방향으로 변화되기를 바라는 것인가? 먼저 나 자신이 지금까지와는 다른 모습으로 바뀌기를 희망한다. 물론, 잘나지도 못한 외모가 아니라, 내면의 변화를 말한다. 지금까지 50년 가까이 살아오면서 자각(自覺)하고 있는 것과 외부로부터 평가받는 것은 많은 부분이 일치하고 있다. 그나마 이

점은 변화충동, 변화욕구의 동기와 출발점을 찾고 변화를 이루어가는 과정에서 다행스럽게 받아들이고 싶다.

궁극적으로는 보다 많은 사람들에게 도움을 주거나 나로 말미암아 사회에 긍정적이고 바람직스러운 변화를 조금이라도 이끌어 낼 수 있는 일을 하는 것이다. 어떤 일을 함에 있어 비전과 목표를 확고하게 정하는 것은 대단히 중요하다고 한다. 사회적인 인정과 공감의 바탕 위에서 보다 크고 높고 바람직한 성과를 거둘 수 있도록 명확하고 실현 가능한 비전과 목표를 만들기 위하여 부단히 최선의 노력을 다할 것이다. 50년 동안 수많은 분들의 도움을 받으면서 지금까지 가꾸고 키워온 능력에 맞춰 가까운 곳에서부터 점진적으로 찾아 시작해 보련다. 새로운 환경에 적응하면서 예전에는 미처 몰랐던 내 감추어진 것들을 찾아 변화에 보탬이 되도록 계속 노력해 나갈 것이다.

02

31년간의 공직 생활 되돌아보기

02/ 31년간의 공직 생활 되돌아보기

새내기 공무원 첫 발령, 그 이후

1981년 7월 1일 지방행정서기보로 강원도 동해시청 사문동사무소에 첫 발령을 받아 이제 31년을 넘어 서고 있다. 9급으로 3년 6개월간 2개소, 8급으로 5년 5개월간 2개소, 7급으로 8년 9개월간 3개소에서 근무하였다. 6급으로 13년을 넘긴 지금 12번째 부서에서 새로운 업무를 맡아 9급 공무원이 된 듯한 마음으로 일을 배우고 있다. 19개소에서 근무하였으므로 1개소당 평균 근무기간은 19.3개월(1년 7개월 정도)에 불과하다.

31년간의 공직 생활 중 6급 재직 시에 중견간부 양성과정 장기교육생으로 선발되어 강원도 인재개발원으로 10개월간 파견 발령을 받은 바 있다. 그러나 이것은 7급 공무원의 승진인사 적체 해소를 목적으로 추진된 것이므로 근무(일)했다고 볼 수 없는 게 확실하다. 그러므로 사실상 지금까지 공무원으로 재직하는 동안 동해시를 벗어나 본 적이 전혀 없다는 얘기다.

　　지식경제부로 파견받기 전까지 23번의 발령장을 받았으므로 각 발령지에서의 평균 근무기간은 1년 4개월 정도 됨을 알 수 있다. 각 근무지에서 맡은 업무는 직급이 낮을 때 적게는 2가지부터, 6급으로 주무담당을 맡았을 경우 많게는 10여 종류 이상도 된다. 따라서 그동안 업무를 추진해 온 정도에 따라 깊이와 넓이가 다를 수는 있겠지만 상당히 많은 종류의 일을 다뤄보고 경험했음을 자신한다. 제법 오랫동안 근무한 곳에서는 개인적으로나 시 차원에서 볼 때 성과를 내었다고 할 수 있다. 그러나 너무 짧은 곳에서는 일을 배우고 이제는 뭔가 할 만하다고 생각될 때 자리를 옮겼으므로 매우 아쉽게 느낀 적이 많았다. 개인적으로 판단하건대 발령받은 곳에서 최소한 2년 정도는 업무를 담당해야 새로운 부서와 일에 적응하고 이를 바탕으로 어느 정도의 성과를 낼 수 있을 것이라 여겨진다.

31년간의 우물 속 생활

　　동해시에서만 보낸 31년간의 공직 생활을 한마디로 표현하여 ‘우물 안 개구리’로 나타낼 수밖에 없다. 어떻게 한 직장, 한 곳에서만 그 오랜 세월을 보낼 수 있다는 말인가? 나의 선택과 결정 여하에 따라 다른 시·군이나 상급기관 또는 국제자매도시 등에서 근무할 수도 있었다. 그러나 가정, 아내와 자식들 그리고 꿈과 희망에서 머물고 말 미래의 빠른 승진을 꿈꾸면서 한 곳에 안주한 것이다. “한 우물을 파라”는 말이 있다. 이 말은 금언(金言)처럼 오랫동안 좋은 의미로 이어져 왔으나 비판적으로 검토

해 볼 여지는 있다. 애초에 물이 나오지 않을 자리를 시간과 돈, 노력과 정성을 쏟아 계속 파본들 무슨 소용이 있다는 말인가? 되지 않을 것 같고 희망이 없다면 하루빨리 다른 곳을 찾아보는 게 합당하다고 생각한다.

지금까지 동해시의 공직 생활에 후회는 없다. 그러나 너무 안일하고 나태하지 않았는가에 대해서는 깊이 생각하였다. 31년 전 같은 출발 선상에서 똑같이 시작하였지만 지금 달려가고 있는 위치는 모두 확연하게 다르다. 그 자리가 나 자신과 상대방, 그리고 제3자의 눈에 환하게 보인다. 어떤 것을 근거로 하여 잣대를 대고 판단할 것인가? 답은 확실하다. 공직사회 내부에서의 서열과 계급이 사회적으로도 매우 유효하며 객관적으로 개개인의 성공과 실패, 사회적인 지위와 지명도로 이어지고 있는 게 일반적인 현상이라고 하는 데 이의를 제기할 사람이 많지 않을 것이다.

그럼, 나의 위치는 어느 정도나 될 것인가? 나는 마라톤 풀코스 이상을 52회(100km 울트라 1회) 완주하였다. 공직 생활 전체를 마라톤과 비교하여 볼 때 제한시간인 5시간으로 환산한다면 3시간 45분 거리를 지나고 있을 시간이다. 그러나 지금 뛰고 있는 장소는 절반인 하프 수준에 머물렀다고나 할까? 부지런히 뛰어야 할 주자가 코스에서 한눈팔며 딴짓을 많이 했다고밖에 볼 수 없다. 풀코스에 참가신청 한 사람이면 그만한 자격조건과 능력을 갖췄다고 봐야 할 것이다. 경쟁상대는 혼신의 힘을 다하여 부지런히 노력하고 피땀 흘려 목적지를 눈앞에 두고 있는데 도

대체 무엇을 했다는 말인가?

도전과 변화에 둔감하였음을 실감한다. 공직 생활에서는 31년 간에 걸쳐 지금까지 이루어놓은 자리가 그것을 말해준다. 가족 간의 관계나 재산의 축적 등의 면에서도 내세울 게 하나도 없다. 지극히 평범한 공무원으로서의 기본 수준을 유지하고 있는 것을 꼽아보자니 창피스러울 정도이다. 공직 생활을, 그리고 짧지 않은 인생을 너무 생각 없이 막살아왔다는 생각밖에 들지 않는다.

이렇게 끝낼 수는 없다

그럼, 이대로 끝내고 말 것인가? 지나온 30년을 마냥 후회하고 한탄만 할 것인가? 다른 방법은 정말 없는 것인가? 가정과 사랑하는 가족들을 위하여 뭔가 해 볼 가치 있는 일은 없는 것인가? 지금까지 나 스스로 테두리를 치고, 담장을 쌓아 지켜온 이 비좁은 방 안에서 나갈 길은 없는 것인가? 등 참 많은 고민을 졸저 "나는 9급 공무원이다"라는 원고를 쓰며 몇 달간 하였다.

이 와중에 나보다 공무원은 늦게 시작하였지만 뛰어난 능력을 발휘하여 먼저 사무관으로 승진한 친구와 동료직원 몇 명을 보게 되었다. 수십 년간 절친하고 편하게 지내왔으므로 진심으로 축하하였지만 실상 불편하고 서운한 마음은 버릴 수가 없었다. 시작할 때부터 늘 자신감을 가지고 일해 왔다. 이로 인하여 대립하고 갈등을 불러일으킨 적도 많았지만 그래도 패배주의적이고 의기소침하기보다는 낫다는 게 내 생각이다. 아직도 알량

한 자존심과 만용에 가까운 자신감은 갖고 있다. 이것마저 없다면, 평지풍파 많은 이 험한 세상에서 하루하루를 어떻게 살아간다는 말인가? 오늘을 사는 대부분의 서민들도 이와 같을 것이며 나 또한 막연하지만 꿈과 희망을 늘 품고 살아가고 있다.

아직 공무원으로서 근무할 시간이 10년이나 남아 있다. 예전에 "10년이면 강산도 변한다"라는 말이 요즘에는 바뀌어야 할 것 같다. 지식정보화 시대를 맞아 1년에도 몇 번씩 기술의 진보가 이루어지고 있다. 4대강 사업과 행정복합도시 건설 이전을 비롯하여 수많은 개발사업의 여파로 지도가 바뀌고 있는 것을 실감한다. 앞으로 남은 기간 과연 나는 어떻게, 얼마나 변할 것인가? 예전에 "순간의 선택이 평생을 좌우한다."는 광고가 있었다. 내가 이번에 선택하고 결정한 것은 아주 짧은 시간이었다. 나로서도 예측 불가능한 앞으로의 10년이 기대된다. 짧게는 앞으로 남은 공직 생활이지만, 길게는 퇴직 후의 시간이다. 평균수명까지 가게 될지, 그 전에 생을 마감하게 될지 알 수 없지만 앞으로 남은 시간을 보면 더 이상 늦출 수는 없다.

03

파견근무 신청부터 확정까지

전자결재와 게시판

2012년 2월 17일, 이날이 훗날 내 인생에서 어떤 날로 평가받고 자리매김하게 될 것인지 몹시 궁금하다. 50년간 살아오면서 수많은 선택과 결정을 내렸지만 어쩌면 가장 중요한 사건 중의 하나가 되지 않을까 생각하게 된다.

전자결재 시스템의 게시판 읽기는 중요한 일과 중의 하나가 된 지 오래다. 하루에 몇 번씩 찾아가서 필요한 정보를 찾는데 나만 그런 것은 아닐 것이다. 직원들의 경조사부터 시작하여 중요한 업무에 이르기까지 수많은 정보가 오르내리기 때문이다. 컴퓨터와 인터넷의 등장, 지식정보화 시대를 선도하는 정부 정책에 맞춰 획기적으로 바뀐 IT 강국, 전자정부 구현의 과실을 톡톡히 누리고 있는 것이다.

6급 파견근무 희망자 공개 모집

하루 전에는 뭐가 그리 바빴는지 게시판을 열어보지 못했다. 17일 오전에 급한 불을 끄고(불을 끄다니? 시청에 화재가 있었냐고요? 그것은 아니고요.) 게시판을 찾아가서 제목을 살피다 보니 눈에 확 들어오는 내용이 하나 있다.

"지식경제부의 지역특화발전특구기획단으로 파견근무할 6급 직원 1명을 찾고 있으니 희망자는 신청하라"는 내용이다. 근무조건은 파견기간이 2년이고, 주택보조금과 파견수당을 지급한다는 것이다. 31년 가까이 동해시청에서만 근무해오고 있지만, 동해시에서 6급이 중앙부처로 파견근무 갔다는 것은 들어본 적이 없다.

선택, 고민, 갈등, 그리고 결정

내용을 보자마자 마음이 쿵쾅거린다. 머리는 무엇으로 한 대 세게 얻어맞은 듯 혼란스럽고 얼굴에서는 열이 나는 것을 느낀다. 머릿속으로는 "과연 어떻게 할 것인가?"로 이 생각 저 생각하며 2시간여 동안 전혀 일할 수 없을 정도로 골몰하며 매달린다.

짧은 시간이지만 만약에 신청하여 파견근무가 확정된다면 ① 가까이 다가온 사무관 승진은 기약이 없어지지 않을까 ② 아내 그늘에서 벗어나 혼자서 2년간을 어떻게 보낼 수 있을까 ③ 지금도 가정 형편이 어려운데 네 집 살림을 어떻게? ④ 6급이 된 지 13년이 넘어 중간 관리자로서 부하직원을 데리고 있던 50살이나 된 놈이 중앙부처의 나이 적은 상사 밑에서 과연 견뎌낼 수 있을까? ⑤ 앞으로 맡게 될 일이 31년간 해온 것과는 전혀 다를 텐데 이 나이에 새롭게 배워? ⑥ 수도권에서의 출·퇴근 등 일상생활과 근무가 원활할까? ⑦ 동해시에서 그 오랫동안 넓혀 온 인간관계를 완전히 벗어나 외톨이로 2년간 어떻게 보내지? 등 수많은 생각이 주마등처럼 떠오르며 꼬리에 꼬리를 물고 혼란스럽게 한다.

마침내 이 기회를 놓치지 말기로 작정한다. "앞으로 특별한 문제가 없다면 정년까지 10년 남았는데 동해시에서 시작한 공직 생활 40년을 이곳에서만 보내면서 끝낼 수는 없다. 여러 가지의 어려움이 앞에 놓여 있지만 반드시 극복해 보자. 그리고 10년 후에 퇴직한다고 가정하더라도 평균 수명을 채운다고 보았을 때 20년 이상을 더 벌어 먹고살아야 하는데 좀 더 넓은 세상, 큰물에서 한번 놀아보자.

어쩌면 이것이 내 인생에 주어진 마지막 기회일지 알 수 없다"라는 생각에 이른 것이다. 나이가 많고 6급 경력이 오래되어 혹시 안 될 수도 있다. 이로 인하여 "늙은 놈이 맡은 일이나 똑바로 할 일이지. 쓸데없는 일에 관심을 두고 있다. 네 주제를 바로 알아라"는 등 주위로부터 망신당하거나 인사에서 불이익을 당할 수도 있지만 한번 도전해 보자고 마음을 굳게 먹은 것이다.

아내에게 통지, 설득 및 동의

마음을 결정하고 나니 오늘 중으로 신청해야 하므로 시간이 빠듯하다. 사무실에서 드러내놓고 말할 수는 없으므로 밖으로 나간다. 바로 아내에게 전화하여 얘기를 꺼내니 예상한 대로 "이 아저씨가 또 무슨 사고 한 건 치려는 구나" 하며 경악한다. 저녁에 만나 차근차근 얘기해보자고 하는데 맞는 말이다. 이게 어디 당장에 결정할 수 있는 일인가 말이다.

하지만 "오늘 중으로 신청해야 하고, 기왕에 신청하면 꼭 되어야 하므로 선수를 쳐야 한다"며 30여 분간 통화하며 아내를 설득한다. 아무 조건 없이 파견근무 간다고 하면 반대할 것이 분명하므로 설득할 몇 가지의 협상조건도 생각해 놓았으므로 결국엔 동의를 얻어낸다.

아내가 나의 가장 큰 단점으로 귀에 못이 박이도록 얘기해 오던 음주습관을 확 바꾸겠다는 것 등 몇 가지를 확정된 이후에 다시 의논해 보자는 것이다. 대략 6가지 정도 되는데 나 스스로 판단하기에도 쉽지 않지만, 아내는 더 믿을 수가 없었을 것이다. 하지만 내 파견근무 의지가 확고하고, 아내가 생각하기에도 어떤 변화가 필요하다고 보았기에 찬성하였을 것이라 믿는다.

파견근무 신청

곧바로 인사 담당자에게 전자우편으로 파견근무를 신청한다. 게시판에서 내용을 처음 본지 3시간도 채 되지 않아 되돌릴 수 없는 발걸음을 내디딘 것이고, 이미 발사된 대포동 미사일과도 같은 상황을 만든 것이다. 이젠 어떻게든 파견근무가 확정되도록 애써야 한다. 곧이어 부시장을 만나 말씀드리려고 전화하니 마침 부재중이다. 급한 일이므로 귀청하시면 바로 연락해 달라고 비서실에 부탁한다. 딸과 아들에게도 긴 내용의 문자메시지를 보내 파견근무 신청사실을 알려준다. 역시 놀라기는 마찬가지이고 뭔 소린가 하여 문자로 확인한 뒤에 전화가 걸려온다. 내가 결정하기까지 고민했던 것처럼 자식들의 걱정도 이만 저만한 게 아니다. 하지만 자세히 설명해주니 받아들이면서 잘 되었으면 좋겠다고 응원까지 보내준다.

아버지가 꼭 해보겠다며 엄마 승낙까지 받았는데 지들이 별수 있나? 따르는 게 당연하지.

언제부터 파견근무 가게 될지는 알 수 없고 염려되는 여러 가지 일에 대하여 구체적인 해결방법을 하루빨리 만들어야 하므로 이것저것 떠올리며 깊이 생각한다. 직원들에게는 전혀 내색하지 않고 업무를 처리하면서 머리 한쪽으로는 동해시에서의 생활과 주변 정리, 그리고 과천에서의 새로운 파견근무와 관련된 막연한 일들을 이 궁리 저 궁리하며 구체화하기 위하여 깊이 매달린다. 이런 생각으로 이후 밤잠도 제대로 자지 못할 정도로 심각하게 고민하게 되는데 10여 일간 계속 이어진다.

부시장, 행정지원국장 면담 및 선발 요청

15시경에 부시장이 혼자 있는 시간을 이용하여 찾아간다. 파견신청 사실을 보고하고 "가족과 협의하여 어렵게 내린 결정이므로 지원들로부터 망신당하지 않도록 도와 달라"고 부탁한다. 또한 "개인적으로도 변화의 필요성을 많이 느꼈지만 5급 승진 인사에서 소외당하는 불만도 어느 정도 작용했다"는 것도 얘기한다. 부시장은 "사무실이나 가정적으로 별일 없이 진짜 본심으로 파견신청하였느냐? 혹시 나중에라도 후회하지 않겠냐?"는 등 여러 가지로 큰 관심을 보여주었다. 이런저런 얘기를 나누면서 30분간의 대화를 끝낸다.

17시경 직원으로부터 행정지원국장이 찾았다는 메모를 받는다. 속으로 파견근무 신청한 것 때문이구나 하며 찾아가니 예감이 맞았다. 인사팀장으로부터 신청사실을 보고받았는데 너무 뜻밖이라 깜짝 놀랐다는 것이다. 농담 얘기겠지만 "양계장이 지경부로 가면, 물방울봉사단은 어떻게 하라고? 심사숙고해서 결정한 게 맞는 거지. 혹시 별다른 일이 있는 것 아닌가?" 하며 큰 관심을 보여 준다.

봉사단 활동 등 여러 가지 일에 대한 각별한 관심에 대하여 고마운 뜻을 표시하고, 꼭 파견될 수 있도록 선처해 달라는 부탁을 하며 대화를 끝낸다.

인사부서의 파견 신청 의사 재확인

18시, 퇴근 시간 무렵이 되어 친구인 인사팀장으로부터 전화가 걸려온다. 지휘부에서 "본 마음으로 파견근무를 신청하였으며, 심중에 변화가 없는지"를 다시 한 번 확인하라고 했다는 것이다. "진지하게 생각하였고, 가족과 협의해서 결정한 것이다. 이 나이에 놀림감 되려고 허튼 얘기를 하였겠느냐? 걱정하지 말고 잘되도록 적극 도와 달라"고 부탁하였다. 나 말고 신청한 사람이 더 있느냐고 물어보니 한 명 더 있다고 하였으나 누구인지는 알려고 하지 않았다.

누가 될지 알 수 없지만, 어찌 되었거나 본의 아니게 경쟁상대가 되었으므로 알아봐야 껄끄러울 것으로 생각하였기 때문이다. 그러나 태연한 척 대답은 하였지만 제대로 결정한 것이었는가를 머릿속으로는 계속 따져본다.

과장과 부서 안 직원에게 파견 신청내용 알림

파견신청을 되돌릴 수 없는 부동의 사실로 만들자 과장과 같은 팀의 직원들에게 미리 알려준다. 빠르면 퇴근 시간 무렵이나 공휴일, 늦어도 월요일 오전쯤에는 파견 신청 사실이 알려지게 될 것으로 판단하였기 때문이다. 모두 하나같이 깜짝 놀라 하며 전혀 예상하지 못했고 믿어지지 않는다는 반응이다. 세정담당으로 발령받은 지 8개월밖에 되지 않았고, 새로운 일들을 여러 가지 벌여 놓았으며 6급으로 승진한 지 오래되어 내 승진에 대해서도 관심을 보여주던 사람들이므로 당연하다 싶다. 심지어는 "제정신으로 신청한 것 맞느냐. 나중에 후회하지 말고 더 늦기 전에 빨리 취소하라"는 관심과 염려의 말도 건네준다.

그러나 아무나 할 수 없는 정말 어려운 결정을 하였다면서 호의적인 반응을 보여주니 내 마음도 한결 나아짐을 느낀다. 또한 같이 열심히 일해보자고 해놓고 급작스런 결정을 내려 직원들에게 미안한 마음이 생기므로 소주 한잔할 것을 제안한다. 퇴근하면서 과장 등 직원 몇 명과 함께 소주방으로 발걸음을 옮겼으며 파견근무 신청하게 된 배경과 심정 등을 화제로 삼아 소주잔을 나눈다.

이틀간의 심각한 고민과 마음 정리

파견근무와 관련하여 주말 내내 계속 고민한다. 생각하면 할수록 정리해야 할 여러 가지 일 때문에 골치가 더 아파오고 잠도 제대로 이룰 수가 없다. 하지만 언제 발령이 날지 알 수 없으니 더 이상 미룰 수는 없는 일이다. 파견근무를 기정사실로 여기고 준비해야 한다.

그러나 마음을 안정시키고 뜻을 바로잡는 것이 가장 중요하고 시급하므로 처음 방향을 잡고 결정을 내릴 때의 초심으로 돌아가자고 수도 없이 되새겨본다. 가장 급한 것이 당장 숙박문제의 해결이다. 그러나 없는 형편에 재테크해보겠다고 대출 내어 투자한 것이 실패하여 상당한 부채를 가지고 있으므로 집을 구할 여유는 전혀 없다.

원룸이나 고시원 얘기는 많이 들었고, 혼자 몸이므로 어디에

가선들 내 몸뚱이 하나 해결하지 못할까 라고 생각하니 답답하던 마음과 머릿속이 한결 맑아진다. 외가댁과 사촌 형제들을 떠올렸으나 괜한 얘기 잘못 꺼냈다가는 서로 불편해질 것 같아 이내 포기한다. 평소 친하게 지내오던 영철 형님이 생각나 전화를 걸어 "과천으로 파견근무 갈 수도 있는데 형님은 숙박을 어떻게 하느냐"고 하니 "수원에서 원룸을 사용하고 있으며 급작스럽게 갈 곳이 없으면 같이 지내도 된다. 수원에서 과천까지는 출퇴근도 가능하다"라고 한다. 안부도 들을 겸 내 소식을 알려주려고 전화했는데 가장 골머리를 앓게 했던 숙박문제가 뜻밖에 쉽게 해결된 것이다. 원룸이 어떻게 생겼는지, 크기는 얼마나 되는지 본 적이 없으므로 전혀 알 수 없다.

그러나 형님은 "비좁긴 하지만 출장이 비교적 잦은 편이고, 남자끼리 지내므로 크게 불편하지는 않을 것"이라는 말도 같이 덧붙인다. 정말 많이 고마웠고 머리가 환해지는 느낌이었다. 형님을 알고 지낸 지가 7년 가까이 되는데 그동안 원만하게 잘 지내온 것 같아 속으로는 기쁘기도 하고 뿌듯한 마음도 든다.

그러나 31년간을 오직 한 곳에서 근무하던 50대라지만 2년간의 지식경제부 파견근무가 이렇게도 많은 고민을 하게 하는 것인가 라는 생각이 마음을 씁쓸하게 만든다. 하지만 이제는 엎질러진 물이다. 내 손들고 탄 버스이므로 되돌릴 수도 없다. 이젠 파견근무 하는 것이 문제가 아니고, 파견 신청에 실패하고 현직에 남아 있을 때가 더 두려운 것이 현실이다.

국장, 부시장에게 푸념 다 털어놓았는데 가지 못하고 남는다면 무슨 망신이라는 말인가? 사무관 승진 시에는 또 다른 영향을 미치지 않겠는가마는 이것미저도 어쩔 수 없는 일이다. 내가 선택하고 헤쳐나가고자 하는 길이다. 잘 되든 못 되든, 원하는 대로 되든 되지 않든, 맞닥뜨리는 상황에 따라 적절하게 대처할 수밖에 없지 않은가 하며 마음을 가다듬고 진정시킨다.

마침내 파견근무 확정!

2월 20일 마침내 파견근무가 확정되었다는 연락을 받았다. "우물 안 개구리"와 같은 생활을 오래도록 해 온 내게 새로운 도전과 변화의 길이 열린 것이다. 이제는 시에서 지금 맡고 있는 일은 어떻게 마무리를 잘할지, 그리고 지식경제부에 가서는 맡은 일을 어떻게 잘해야 할지를 구체적으로 생각하고 실행해야 한다. 우선 같이 지내기로 한 형님에게 파견 확정사실을 알려주었다. 또한 숙소 찾아가는 방법과 정부과천청사로 출근하는 방법 등을 알아본다. 좁은 원룸에서 얼마나 신세를 지어야 할지 알 수 없지만 지금까지 혼자 평온하게 생활하던 분에게 큰 불편과 부담을 주게 되므로 가장 먼저 알려주어야 할 것으로 생각하였기 때문이다. 이어 아내와 가족에게도 전화와 문자로 확정사실을 알려준다. 또한 시장님을 비롯한 지휘부와 인사부서의 관계자에게 메일을 보내어 고마운 뜻을 전한다. 큰 충격을 준 파견근무 희망자 모집 소식을 접한 이후 아내 및 가족과의 상의, 신속한 파견근무 신청과 지휘부를 찾아가 간곡한 부탁, 앞으로 다가올 낯설고 새로운 환경에 대한 불안과 갈등으로 잠 못 이루던 일 등 피를 말리던 3일간의 일이 소기의 성과를 거두면서 끝을 맺은 것이다.

04

이 많은 나이에 웬 중앙
부처 파견근무

04 / 이 많은 나이에 웬 중앙부처 파견근무

51 VS 76 ⇒ 89

올해 세는 나이로 51살이다. 2012년 3월 22일 자 현대건강신문에 따르면 "한국인의 평균 기대수명은 남성 76세, 여성이 83세"라고 한다. 공무원으로서 아직 정년이 10년 남아 있고, 평균수명까지 생존한다고 보았을 때 앞으로 25년간 더 사용할 시간이 있는 셈이다. 게다가 2011년 11월 기획재정부에서 발표한 "2040년 한국의 삶의 질" 보고서에 따르면 평균수명은 89.4세로 10년 이상 더 늘어나는 것으로 나와 있으므로 여유시간이 더 길어질 수도 있다. 그럼에도 불구하고 51세가 그렇게 적은 나이는 아니라고 생각한다. 내 사고방식과 생활태도가 지극히 보편적이고 정상적이라고는 생각하지 않는다. 아직도 마음은 한창 꿈 많고 희망이 가득했던 20대, 젊음과 열정으로 두려울 것이 없었던 30대의 기분을 그대로 간직하고 있다. 일, 운동, 공부, 술 등 무엇이건 나보다 젊은 사람들과 똑같은 조건에서 겨뤄보고 싶고, 쉽게 지지 않을 자신도 가지고 있다. 그러나 이것은 이 시대를 같이 호흡하고 누리며 사는 모든 50대, 60대 더 나아가 70대의 마음일 것이라고 믿는다. 하지만 나 스스로도 마음뿐이지 몸과 생각은 물론, 많은 것이 뜻과는 명백하게 다르다는 것을 잘 알고도 남음이 있다.

공무원 임용, 그리고 동해시와의 인연

지금까지 살아오는 동안 동해시에서 가장 오래 생활하였다. 1981년 7월 1일 만 18세의 나이로 공무원으로 임용되면서 동해시와 인연을 맺었다. 그 이후 비교적 긴 10개월간의 교육을 춘천에서 받았던 것 외에는 지금까지(2012. 3. 1 기준) 30년 8개월간 계속 동해시를 벗어나지 못했다. 전라북도 순창에서 태어나 초등학교 4학년까지 12년간 살았고, 5학년에 도계로 전학하여 중학교 1학년까지 살았으며, 중 2~3학년은 삼척에서 생활하며 통학하였고, 1977년부터 3년간은 춘천에서 고등학교를 다녔다. 고교 졸업 후 1년 반을 삼척에서 생활하다가 동해로 주소를 옮긴 것이다. 어찌 되었든 강산도 세 번이나 변하였을 오랫동안 동해시에서 공직 생활하면서 낯설어하고 불편함을 느끼거나 내 고향이 아니라는 등의 부정적인 느낌이 들어본 적이 없다. 동해시로 이사한 지 오래되지 않아 첫 번째 사글세를 얻었던 '발한동'으로 본적을 옮겼으며 이제는 아내와 자식들의 본적으로 이어지고 있다.

내게 공무원은 천직(天職)인가?

왜! 지금까지 공무원을 그만둘 생각을 단 한 번도 하지 않았을까? 이번에 나와 우리 가정으로서는 대형 사고를 치면서 문득 이런 생각을 하게 된다. 그동안 스스로의 뜻이거나 타의(他意)에 의하여 공직을 그만두는 경우를 꽤 자주 보아왔다. 그런 모습을 가까운 거리에서 지켜보면서도 공무원이라는 직업에 대해서는 전혀 흔들림 없이 유지해오고 있는 것이다.

오래전부터 "하는 일은 많은데 쥐꼬리만 한 봉급" 받는다는 얘기를 자주 들었다. 그러나 그런 말에 대하여 반박하지는 못했지만, "얼마나 받아야 일한 만큼 받는다는 얘기지?"라는 생각은 마음에 지니고 있었다. 어려서부터 너무 가난하고 어려운 환경에서 자란 탓인지 공무원의 보수에 대한 불평은 가져본 적이 없다. 우리 가족이 좋은 음식은 아니지만 굶지 않고, 제철에 맞는 옷 입고, 비좁지만 거처할 집만 있으면 더 이상 부족하다고 느끼는 게 없었다. 지금의 사는 형편도 10년 전이나 20여 년 전에 비해 크게 달라진 게 없다. 여기에는 뭔가 조금이라도 여유롭게 생활해 보자고 내가 재테크에 욕심내었다가 실패한 것도 크게 작용하였다.

그렇다면 내게 있어 공무원은 과연 천직인가? 큰 잘못 저지르지 않고 지금까지 왔지만 천직까지 거론하는 것은 낯 뜨거운 일이다. 그러나 평생직장으로 믿어 왔고 할 수만 있다면 정년(아니 명예퇴직)까지 채우고 싶다. 이 직업을 계속 가지고 있는 것은 다른 직업을 해보고자 하는 생각과 의욕, 도전과 용기가 없었다는 것이 확실한 대답이 될 것 같다. 욕심내지 않고 알뜰하게만 생활한다면 보통보다는 조금 떨어지지만 안전하고 평온하게 살아가는 데는 지장이 없으므로 무모한 도전을 회피한 것이다. 공무원이라는 직업에 대한 사회적 평가도 나쁘지는 않고, 풍족하지는 않지만 우리 가족보다 형편이 좋지 못한 사람들을 주변에서 볼 수 있었기 때문에 안분자족(安分自足)하고 공무원으로 살아온 것이다.

동해시를 벗어나기가 이렇게 힘들 줄이야

나보다 훨씬 더 오랫동안 동해를 떠나지 않고 오로지 지역 주민과 지역발전을 위하여 일평생을 바치면서 생활한 선배공무원들이 대단히 많을 것이라 여겨진다. 이것은 비단 동해시에만 국한된 것이 아니라 어느 도시, 어떤 지역이건 수많은 공무원들의 기본적인 생각이 크게 다르지 않을 것이라 판단된다.

1986년 1월 8급이 된 지 1년 1개월 되었을 때 어달동사무소에 근무하다 총무과 시정계로 발령받았다. 당시에 차석(7급, 공식직책은 아님)이 나와 같이 신규교육을 받은 선배이자 형처럼 여겼는데 윗분들께 얘기를 잘 해주었는지 뜻밖의 자리로 옮긴 것이다. 시청에서는 처음 근무해보고 과내에서는 나이도 가장 어리니 이곳저곳 사역에 많이 불려 다닌다. 요즘에도 계속 이어지고 있는데 내 뜻과는 상관없이 끗발에 밀려 소양고사의 과대표 선수생활(?)을 몇 년간이나 하였다. 당시에 성적이 뛰어나 순위에 들면 바로 강원도로 발탁되었으며 한 동료는 도를 거쳐 내무

부(행정안전부)까지 올라가 크게 자수성가한 것으로 평가를 받고 있다. 나는 성적이 별로 좋지는 않았지만 그래도 대표 선수 명단에 들었다는 것만으로 강원도에 올라가 보지 않겠느냐는 제안을 몇 번 받았으나 모두 사양하였다. 당시의 상황이 가정적으로도 여유가 없었지만, 부모가 자식들을 위하여 한 곳에 정착하면서 오래도록 사는 것이 내게는 더 의미 있고 가치가 크다고 생각하였기 때문이다.

그 이후로도 동료 직원들이 이런저런 기회를 이용하여 강원도로, 더 뜻이 있는 사람들은 중앙부처로 자리 이동하면서 승승장구(乘勝長驅)하고 있다는 얘기를 많이 들었다. 나보다 늦게 공무원 생활을 시작하였지만 감히 상상도 하지 못할 정도로 앞서 있는 사람이 매우 많다는 것을 의식하지 않으려 해도 머릿속에서는 불현듯 떠오를 때가 잦다. 이럴 때는 왜 옛날에 그런 선택을 하였을까 하는 후회의 마음도 갖게 되는데 이게 인지상정(人之常情)은 아닐까? 간혹 장성한 딸·아들에게 내가 살아온 얘기를 꺼냈다가 강원도에 갈 기회를 포기했다는 대목이 나오면 잘못 판단했다는 정도가 아니라 "그때 아빠가 도청으로 갔다면 자기들은 춘천에서 살았을 것이고, 우리 가정과 자기네 인생이 지금과는 많이 달라졌을 것"이라며 큰 원망까지 듣게 된다.

그 이후로도 가끔 상급기관에 올라가서 근무하면 승진도 훨씬 빠르고, 남 보기에도 더 높아 보이므로 내게도 저런 기회가 있었으면 하는 마음을 가진 적이 있다. 그러나 7급, 6급으로 승진하면서 올라갈 수 있는 기회는 갈수록 줄어들거나 거의 불가능한 일이 되어버렸다. 또한, 동해시에서 같이 근무하다 도로 영전해 간 직원들은 이미 한 직급 이상 높아졌으므로 사실상 쪽팔리고, 창피한 마음 때문에 스스로 포기해버렸다고도 할 수 있다. 그러나 5급은 강원도나 중앙부처로 자리를 옮긴 경우를 가끔 보았기 때문에 나도 5급이 되면 그때는 한 번 시도해볼까 하는 마음을 가진 적도 있다.

2011년 9월 1일 자로 신규임용후보자 1명이 우리 부서로 수습발령을 받았다. 지금까지 숱하게 보아오던 일인데 그때는 감회가 달랐다. 이런저런 얘기를 나누다 보니 내가 9급으로 들어오던 시절이 생각난 것이다. 공직 생활 경력이 늘어날수록 공무원으로 살아온 내 삶을 되돌아보면서 막연하게 뭔가 해야 한다는 마음을 가지고 있었는데 확실하게 머리에 잡히는 게 없던 때였다. 그 해답을 찾기 위해 보름간 정도를 깊이 생각하며 매달렸다. 마침내 답을 얻어낸 것이 지금까지의 공무원생활 전반을 되돌아보는 책을 하나 만들어보자는 것이다. 그 결과물이 지난 4월에 출간한 졸저 『나는 9급 공무원이다』로 탄생한 것이다. 원고를 쓰면서 나 자신에 대하여 처음으로 깊고 진지하게 되돌아보았다. 결론은 너무 안일하고 변화에 둔감하게, 내 멋에 취하여 분별도 없이, 뚜렷한 목적의식도 없이 그저 되는 대로, 목숨과도 같은 그 귀중한 시간을 허드렛물 쓰듯, 이 밖에도 더 많은 부정적인 표현의 대상이 된 것이다.

내 기억에 의하면 동해시청 6급 직원으로서 중앙부처 파견근무자 중 가장 나이가 많다. 단순한 파견일 뿐 어떤 보장도 없다.

그렇다고 제대로 도전해서 변화를 이뤄보겠다고 이 나이에 지금까지 나를 있게 하였고, 가정을 지탱해 온 공무원을 그만둘 수는 없는 일이다. 생계에 도움이 될 만한 재주 하나 없는데 공무원을 그만두면 무엇으로 입에 풀칠한다는 말인가? 가족이나 주위의 누구에게라도 그만둔다는 말을 꺼낸다면 아마도 "정신이 나갔거나 미친놈"이라는 소리를 듣게 될 게 뻔하다. 현재 내가 처한 상황, 그나마 어느 정도 할 수 있는 것 중에서 변화의 돌파구를 찾는 와중에 파견근무 희망자 모집이라는 내용을 보게 된 것이다. 결론적으로 파견도 처음, 정식적인 것은 아니지만 중앙부처 근무도 처음, 서울 생활도 처음이다. 동해시에서 수십 년간 만났던 사람들과 수행에 오던 행정업무방식과 비교하여 모두 새로울 것이므로 많이 늦은 감이 있지만 내겐 확실하게 큰 자극이 될 것이며 내 시야를 넓혀줄 것으로 믿는다.

05

50살짜리 9급 공무원

2009년 공무원 응시 나이 제한 철폐

대체 이게 무슨 말인가? 나를 두고 한 말이다. 기초지방자치단체에서만 31년 가까이 근무하다 중앙부처에서 새로운 사람을 만나 새로운 일을 배우게 되는 내 입장과 마음가짐이 그러하고, 또 마땅히 그래야만 한다는 것이다. 오래전에는 이런 표현 자체가 불가능한 일이었겠지만, 이제는 충분히 가능하고, 이런 일들이 벌어지고 있다는 것이 놀랍다.

2009년 모든 공무원 채용시험의 응시상한 연령제한이 폐지되었다. 국가직의 경우 2008년까지 7급은 35세, 8급은 32세, 5급은 30세~32세 등으로 응시연령을 제한하였다. 그러나 하한은 7급 20세 이상, 9급 18세 이상으로 제한하고 있는데 언제 연령이 더 낮게 조정되거나 폐지될지 알 수 없는 일이다. 언론매체의 보도사항에 따르면 2011년 9급 최고령 합격자는 53세였으며, 2012년 지방 9급 최고령 응시자는 59세(1953년생)라고 한다.

나이가 중요한 것은 아니라고 하지만, 그 많은 나이에 어떻게 9급으로 새로 시작한다는 말인가? 일반적으로 30살이 채 되지 않아 공무원 시험을 보고, 신규채용되고 있음을 감안하면 상식으로는 받아들일 수 없는 파격에 가까운 일이다.

나이가 적은 수많은 상사들 밑에서 말단 부하직원으로서 쉽게 적응이 가능할까? 불가능하지는 않겠지만 정말 어렵게 여겨진다. 그 나이에 공무원 시험에 합격한다 해도 과연 얼마나 근무할 것이며, 9급 신규공무원의 보수수준이 얼마나 되는가 말이다. 가장으로서 가족이 있다면, 봉급만으로는 사실상 생계유지가 불가능하다고 생각된다. 아마도 이분들은 공무원이라는 직업을 선택하기로 결정할 때 통상적으로 표현하는 "평생직장" 등의 개념은 아니고, 새로운 직업에의 도전이거나 공무원에 한이 맺혀서 꼭 해보고자 한 것이 아닐까 싶다.

내 나이가 올해 만으로 50을 넘긴다. 지난해의 최고령 합격자에 비하면 3살이 적고, 올해의 최고령 응시자보다는 9살이나 차이가 난다. 53살이나 59세의 나이에 9급 공무원 시험을 보고 새로운 직업을 선택하는 분들의 생각과 마음이 어떨지 궁금하다. 나로서는 정말 이해하기 힘들고 상상조차 할 수도 없는 일이다. 어쩌면 이게 내가 지금 공무원이라는 신분을 유지하고 있기 때문인지는 알 수 없다. 하지만 내가 그 나이라면 요즘 직업 선호도 1위이고, 응시비율이 수십 대 1이나 되는 공무원이라는 직업에 도전장을 내밀고, 합격을 목표로 생소한 공부에 전력을 다할 수 있을까? 아무리 생각해봐도 답은 "절대 못한다"이다.

50살과 9급 공무원

나이 40을 불혹(不惑: 미혹되지 아니함)이라 하고, 50의 달리 일컫는 말이 지천명(知天命)이다. 공자가 오십 세에 이르러 천명을 알게 되었다는 데서 나온 말로 논어의 위정편(爲政編)에 나온다. 이게 공자님한테나 통하는 얘기지 나 같은 놈에게는 가당치도 않은 말이다. 나이를 먹는다고 해서, 숫자상의 나이가 같다고 하여 다 같은 나이가 아님을 안다. 그럼에도 불구하고 일반적으로 50세가 되면 가정적, 사회적으로 안정을 유지하는 것으로 인식한다. 세상을 바라보고, 살아가는 데 있어서도 상당한 수준에 도달한 것으로 평가받고 무슨 일이 되었건 자기가 맡은 분야, 하고 있는 일에 대해서는 상당한 경지에 도달한 것으로 보아야 할 것 같다.

고등교육을 마치고 세상에 첫발을 디딘 이래 31년간을 공무원으로 생활해왔다. 전혀 한눈팔지 않고, 나와 가족의 목숨을 건 채로 매진해왔다. 그동안 내가 동해시청이라는 좁다면 좁고, 넓다면 넓다고도 할 수 있는 곳에서 근무하였지만 맡았던 분야와 업무가 이루 헤아릴 수도 없이 많아 뚜렷하게 잘한다거나 전문가라고 자신할 수 있는 게 없다. 기초자치단체라는 지방행정 기관에서 보편적으로 이루어지는 일반행정 분야, 공통적으로 적용되는 업무추진 방식 등을 상식적이거나 조금 더 깊이 아는 정도에 지나지 않는다. 세부적으로 단위업무를 폭넓고 깊게 접근하면 또 막히는 경우를 수도 없이 겪어 왔다. 새로운 부서에서, 새로운 업무를 맡아 처리할 때에는 9급과 다를 것이 하나도 없는 것이다. 아니 배우는 과정에서도 이전에 가졌던 고정관념과 아집(我執)이 있기 때문에 더 어려웠으며, 9급보다도 못하였을 것이다.

50살짜리 9급은 새로운 조직에서 어떻게 적응하고 일을 배워야 할 것인가? 답은 명백하고도 단순하다고 본다. 50까지 어느 곳에서, 어떤 일을, 어떤 모습과 방법으로 해왔든 간에 모두 떨쳐내야 할 것이다. 새로운 사람, 새로운 환경, 새로운 업무 처리 방식에 하루빨리 적응할 수 있도록 부지런히 노력해야 한다. 뒤처지지 않고 보조를 맞추면서 따라가기 위하여 더 많은 시간과 정성을 쏟아야 한다. 아집을 버리고 갈등이 발생되지 않도록 최선을 다해야 한다. 그러나 새로운 조직문화에 접목이 가능하고, 새로운 구성원들과 관계에서도 활용이 가능한 경험과 지식이 있다면 조심스럽게 적용해보는 것도 바람직할 것이라 생각된다.

06

짧은 이별, 술자리로 평가

06/ 짧은 이별, 술자리로 평가

평가와 판단의 의미

평가는 "사람이나 사물의 가치나 수준 따위를 일정한 기준에 의해 따져 매김. 또는 그 가치나 수준"을 말하고, 판단은 "일정한 논리나 기준에 따라 사물의 가치와 관계를 결정함"이 사전적 의미이다. 두 단어에서 공통적으로 나타나는 핵심적인 말은 일정한 기준으로 여겨진다. 사람을 평가하거나 판단하는 단어는 이루 헤아릴 수 없을 정도로 많다. 우리가 일상적으로 사용하고 있는 수많은 단어들이 사람 됨됨이를 따지는 곳에도 적용되고 있음을 알 수 있다.

평가와 판단의 방법

사람을 말과 단어로만 평가하는가? 아니다. 그 밖에도 너무나 많다. 친구의 많고 적음, 주변에 믿고 의지할 수 있는 사람의 있고 없음, 기쁘거나 슬픈 일을 당했을 때 기쁨과 슬픔을 같이 해

줄 사람의 많고 적음, 어려움을 당했을 때 도와줄 사람의 있고 없음도 해당될 것이다. 포상과 징계, 실력의 있고 없음도 평가기준이며 찾아보면 이 밖에도 더 많은 것들이 있으리라 생각된다.

그렇다면 헤어짐을 맞아 벌이는 술사리는 어떠한가? 이별하는 시간이 짧거나 기한이 정해져 있을 수도 있고, 영원히 다시 못 볼 수도 있을 것이다. 우리는 같이 지내면서 정든 사람을 떠나보내고, 새로이 만나는 반가운 사람을 맞이하면서 이별과 환영의 표현으로 회식(술자리, 파티의 다른 표현으로 봐도 좋을 것 같다)을 자주 한다. "가는 사람 돌로 치고, 오는 사람 떡으로 치라"는 말이 있지만, 어디 그러한가? 나로서는 새로 맞는 사람보다는 미운 정 고운 정 많이 들어 보내는 이에게 섭섭한 마음을 표시하는 것이 비중이 더 컸었던 것 같다. 지금까지 참석한 그 어떤 자리에서도 술(종류도 다양)이 빠지는 것을 본 적이 거의 없다. 술이 좋다 나쁘다 말도 많지만, 사람 모이는 자리에 빠짐없이 참석시키는 것을 보면 그만큼 초대해주는 사람이 많다는 얘기고 그 정도로 중요한 역할을 한다는 것이 아닐까?

술, 악연(惡緣)인가? 선연(善緣)인가?

술도 사람을 평가하는 중요한 매개체 중의 하나가 아닐까 생각한다. 나는 고등학교 1학년(만 15살)에 이웃(고교 선배)을 잘 만난(?) 덕분에 비교적 술을 빨리 입에 대어보았다. 하늘 같은 선배가 주는 술을 새까만 후배가 겁이 나서 어떻게 안 받을 수 있다는 말인가? 그것 때문은 결코 아니다. 고등학교 졸업 후 나를 중심으로 벌어지는 모든 상황이 매우 좋지 않던 시절이 많았고, 그로 인하여 술과 빨리 친해졌다. 졸업 후 공무원이 되기까지는 불과 1년밖에 되지 않으므로 그 시간이 길지는 않다. 그러므로 사실상 공직에 들어와서 제대로 술 배우고 마셨다는 표현이 더 적당할 것 같다.

31년 가까이 징글징글하다고 할 정도로 술과 친했다. 사람 만나는 것을 즐겼고 좋아하였으며 그때마다 인간관계를 돈독하게 해주는 데 있어 술은 매우 유용한 역할을 하였다. 술로 인하여 좋은 점도 많았지만, 수많은 실수도 있었고, 정말 어처구니없고 황당한 일도 숱하게 겪었다. 보통 좋은 일보다는 그렇지 않은 일이 훨씬 더 빨리 퍼져 나가고 여러 사람의 입에 오르내리게 된다. 내 술 마시는 횟수와 양, 취한 후의 실수 등이 시청은 물론, 시청 밖에서도 구설수에 오른 적이 꽤 있다. 내가 들어서 반가워할 내용이 아니므로 듣는 사람이 "저놈 저것밖에 안 되는군" "내 그럴 줄 벌써 알아봤지" 등 욕이나 하고 말았으면 나도 알 수 없었을 것이다. 그러나 나를 진정으로 염려하고 생각해주는 사람들이 주변에 많았기에 그런 내용들을 내게 전달해 주었으며 충고와 조언도 많이 해주었다. 이 얼마나 고맙고 반가운 일인가? 그러나 그런 분들의 기대에 미치지 못하고 똑같은 실수를 여러 번 저질러 왔다. 누구나, 특히 품위유지 의무가 있는 공무원 신분으로는 결코 해서는 안 될 일이지만, 인사불성(人事不省)이 되어 버린 까닭이다. 이런저런 이유로 숱한 핑계가 있겠지만 결론적으로 술과의 싸움에 완패하여 술의 노예, 술의 노리개가 되어 버린 탓이다.

술을 권하며 술과 건강을 조심하라니

지식경제부 파견이 확정된 2월 21일부터 29일까지는 짧은 이별과 관련된 작별의 술자리가 연이어 이어진다. 평상시에도 업무, 모임, 개인적인 친분 등으로 자주 손님을 만나고 적잖이 술을 하지만 이번에는 파견근무 소식을 접하고 상대방에서 자리를 만든다. 그동안 이어지던 만남이 짧은 기간이지만 헤어지게 되어 섭섭하니 식사나 소주라도 한 잔씩 하자는 것이다. 21일, 주민센터 여 팀장이 저녁 식사 제의를 하였으나 내가 앞으로 신세 지게 될 형님과의 선약이 있었고 친구와 함께 형님을 만나 소주잔을 주고받는다. 화제는 당연히 파견근무로 집중되었고, 자리를 옮겨가며 꽤 늦은 시간에 귀가한다. 22일, 시청 여 팀장 주최로 동료 팀장과 점심식사를 같이 한다. 오후에는 생활환경센터 직원 윷놀이대회에 불려 가 여러 직원들과 오랜만에 만나 인사를 나눈다. 저녁에는 시청마라톤클럽 신년모임에서 송별식이 겸하여 벌어지고 시간을 기억하지 못할 정도가 되어 귀가한다.

23일, 세무과의 동료팀장 주최로 팀 직원들과의 점심약속이 잡혔다. 11시 50분경 평소 친하게 지내던 시청 출입기자단에서 점심을 같이 하자고 하므로 선약이 있다고 양해를 구하지만 막무가내로 붙잡혀 간다. 팀장에게는 정중하게 사과하지만 아주 미안스럽다. 당일 저녁엔 행정지원국장 주최로 타 지역으로 전출하는 출입기자와 함께 만찬을 같이 하게 된다. 24일, 새로 부임한 농협시청출장소장 주최로 나와 시설관리공단으로 직장을 옮기는 직원의 송별식 겸 오찬을 한다. 저녁에는 내가 회장을 맡고 있는 시청 물방울봉사단에서 송별식을 열어 준다. 지식경제부로 파견 가도 계속 회원직을 유지할 것이고, 송별식 비용은 봉사활동에 사용하라고 하지만 내 뜻대로 되지 않는다. 이날도 늦게까지 이어졌으며 귀가시간도 기억하지 못한다.

25일, 점심은 아내의 새로운 일과 관련하여 손님을 만나게 되고 술자리로 이어진다. 저녁에는 휴일이지만 과장으로 재직 중인 친구 주최로 평소 친하게 지내는 직장 내 상사이자 형님들과의 술자리가 만들어진다. 연일 되는 술로 몸 상태도 좋지 않지만, 빨리 끝나는 것이 무척 다행스럽다. 26일, 일요일이지만 같이 근무하던 세정팀 직원들과 송별식을 한다. 평일 저녁에는 시간을 잡을 수가 없기 때문에 부득이 직원들과 상의하여 잡은 것이다. 8개월간의 짧은 기간이지만 시민으로부터 세금을 받아내는 쉽지 않은 일로 동고동락(同苦同樂)하였기 때문에 정이 많이 들었다. 희노애락(喜怒哀樂)도 같이 겪었으며, 내가 벌어 놓기만 하고 직원들에게 남기고 떠나는 일도 몇 건 있어 대단히 미안스럽다. 추운 날씨와 공휴일임에도 불구하고 많이 참석하여 그동안에 쌓아온 회포, 아쉬움과 서운함, 미안함과 고마운 마음을 서로 전하고 달래니 대단히 고마울 뿐이다.

27일, 세무과의 동료팀장 주최로 해당 팀 직원들과 점심을 같이 한다. 저녁엔 친구 및 가족 동반모임에서도 월례회 겸 송별식을 한다. 모임을 탈퇴하는 것도 아니므로 정해진 대로 하자고 만류하지만 회장은 수도권에서 생활하면 모임에 참석하는 것도 쉽지 않고, 중앙부처로 파견 가는 것이므로 굳이 하겠단다. 28일, 세무과의 세우 회장 주최로 몇몇 직원들과 점심식사를 같이 한다. 저녁엔 육상인들의 모임이 계획되어 있고, 사무국장은 꼭 참석해달라고 하지만 세무과 직원들의 소모임에 잠깐 들렀다 몇 달 만에 열리는 가족 모임 때문에 속초로 향한다.

29일, 09시 30분 인사발령신고가 있다. 여러 요인으로 대상자가 3~40여 명은 되어 보인다. 전날 저녁 속초에 들어가 가족 모임을 한 후 혼자서 새벽에 출근하였다. 부시장이 점심식사 자리를 만들었으며 시설관리공단으로 직장을 옮기는 직원들과 함께 참석하였다. 저녁엔 세무과의 송별식이 개최되었다. 떠나는 직원이 3명, 오는 직원이 2명이며 파견으로 발생된 여러 식사 자리의 마지막이다. 17일 파견근무 신청을 한 날부터 하루도 빠지지 않고 사적, 공적인 자리가 계속 이어졌다. 몸 상태도 좋지 않지만, 핑계대고 빠지기에는 미안스럽기도 하고 마음이 서운한 구석이 있어 연이어 참석한 것이다. 이 와중에도 시간이 이리저리 겹쳐 도저히 시간을 내지 못하여 사과와 양해를 구한 것이 10여 건은 됨직하다. 특히, 8급 때부터 시작하여 6급이 된 이후까지 여러 번 같이 근무하면서 상사로 모신 과장은 본의 아니게 세 번이나 바람 맞춘 꼴이 되었는데 편하고 충분히 이해해 줄 것으로 믿었기 때문이다.

과연 동료 직원들의 평가는?

2년간의 파견근무가 상당히 뜻밖의 일이었음을 여러 모임에서 여러 사람들로부터 들었다. 나와 가족도 많은 고민 끝에 어렵게 내린 결정이었지만 이구동성으로 긍정적인 면과 부정적인 면을 같이 보고 말해 준다. 중앙부처 자원(自願) 파견근무가 아니었다면 지난 9일간 같은 상황은 일어나지 않았을 것이다. 31년 가까운 동해시에서의 공무원 생활, 50을 넘긴 나이에 가족과 떨어져 그 험하다는 서울에서의 기러기 생활 자청, 중앙부처의 젊은 상사 밑으로 기어들어가는 나이 많은 말단공무원 등이 복합적으로 작용하였기 때문에 작은 반향을 일으켰을 것이라 생각한다. 또한 그동안 직원들과 만나 많은 술자리를 한 탓도 있을 것이다. 술자리, 식사 자리가 연일 이어지고 겹치는 것을 보며 "그동안 양원희가 동해시청에서 욕은 먹지 않았구나!" "그 정도면 괜찮다" "술값도 꽤 나갔겠구먼" "사람은 떠나갈 때를 보면 어떻게 살았는지 알 수 있다" 등등 좋은 방향으로 말해주는 사람들이 여럿 있었다. 당사자를 앞에 두고 싫은 소리 보다는 기분을 맞춰주기 위하여 의례적으로 한 얘기라고 하더라도 막상 기분이 나쁘지는 않았다. 하지만 그게 다는 아니다.

이런 저런 자리에서 함께 만나고, 문자와 메일로 관심을 보여준 직원들이 있는 반면, 그렇게 하지 않은 직원들이 더 많았다. 그들로부터 꼭 적대적, 배타적인 평가를 받았다고는 결론지을 수 없겠지만 관심 밖의 일이었음은 분명한 게 아닐까? 왜 좀 더 많은 동료 직원들로부터 호의적이고 긍정적인 관심과 반응을 얻어내지 못하였을까를 생각하게 된다. 직장 동료로서 이거나 개인적인 친분관계를 맺는 과정에서 처신에 문제가 있었을 것이다. 누구든지 본인이 원하거나 그렇지 않거나, 또는 필연이건 우연이건 간에 새로운 사람과 만나 인간관계를 맺어나가는 과정에서 행복한 결말, 아름다운 이별을 희망하고 이를 이루기 위해 나름대로 많은 노력을 기울일 것이다. 나 역시 "직장 상사나 동료 및 부하직원들로부터 욕은 얻어먹지 않도록 하자"거나 "직원으로부터 기피당하기보다는 같이 일하고 싶어 하는 사람이 되자" "기왕에 같이 만나게 된 것도 인연인데 더 좋은 관계로 발전시키자"라고 다짐하면서 생활하였지만 뜻과는 다르게 말하고 행동한 것도 많았을 것이다. 그게 이번에 나의 중요한 판단과 결정을 함에 있어서 길거나 짧은 기간 동안 시간을 같이 보냈던 직원들이 내게 보여준 무언(無言)의 대화이고 메시지였던 것이다.

피할 수 없는 만남, 더 좋은 관계와 더 나은 평가

세상을 살아가면서 사람과의 만남은 필연적이다. 만나면서 인연과 관계가 이루어지고 그 속에서 好不好(호불호)의 평가를 받게 되어 있다. 이것에서 자유로울 수 있는 사람이 있을까? 이 세상에서 성인으로 추앙받는 분들의 일대기를 보아도 어느 순간에는 얽매였음을 알 수 있다. 좋은 관계를 유지하고, 아름다운 모습으로 헤어졌다 반갑게 맞아주기를 모두가 소망할 것이다. 나 또한 언제, 어느 곳에서건 인연이 맺어지는 모든 사람들과도 그런 모습을 기대하고 소망한다. 그 방법, 해답은 나와 있고 또 너무 잘 알고 있다. 늘 염두에 두고, 실천하는 길 밖에 다른 王道 는 없다.

07

갈등과 불안, 그리고
다짐의 14일

07/ 갈등과 불안, 그리고 다짐의 14일

내가 만든 갈등

갈등은 ① 칡과 등나무라는 뜻으로, 칡과 등나무가 서로 복잡하게 얽히는 것과 같이 개인이나 집단 사이에 의지나 처지, 이해관계 따위가 달라 서로 적대시하거나 충돌을 일으킴을 이르는 말 ② 개인의 마음속에 상반되는 두 가지 이상의 감정이나 의지 따위가 동시에 일어나 갈피를 못 잡고 괴로워함 ③ 개인의 정서(情緒)나 동기(動機)가 다른 정서나 동기와 모순되어 그 표현이 저지되는 현상을 말한다.

사람은 누구나 자기 내부의 심리적 갈등으로부터 시작하여 주변에서 직접적·간접적으로 만나는 타인 및 집단 속에서 갈등을 빚으며 세상을 살아간다고 여긴다. 개인적인 갈등은 왜 생겨나는 것일까? 내가 한 판단과 결정에 대하여 확신이 서지 않고 다가올 장래의 일에 대한 불확실성 때문이 아닐까 한다. 낯선 환경에서 예측 불가능한 일에 대한 막연한 두려움, 자기 자신에 대한 회의 등도 그 원인이 될 듯하다.

누구에게 소식을 듣고 일부러 찾아가서 본 것도 아니다. 하루에 한두 번 일상적으로 방문하는 게시판에서 자연스럽게 발견한 내용이다. 보는 순간 뒤통수를 강하게 한 대 맞은 듯 충격을 받았으며 흥분을 느꼈다. 판단하고 결정하는 데 2시간이 채 걸리지 않았으니 분명 긴 시간은 아니었다. 사람이 인생의 행로와 방향을 좌지우지할 큰 결단을 내리는 데 과연 얼마만 한 시간이 적당한 것일까? 사람마다 성격에 따라서, 그리고 현재 맞닥뜨린 상황에 의하여 모두가 서로 다른 판단을 할 것이고, 그에 걸리는 시간도 다를 것이다.

갈등을 일으키는 일을 당하여 판단하고 결단하는 방법에는 어떤 것이 있을까? 소극적인 거부와 회피, 적극적인 수용과 해결의지로 구분될 것 같다. 세부적으로 들어가면 이 세 가지가 어느 정도의 비율로 섞이는가에 따라 매우 다양하겠지만 큰 차원에서 본다면 결국은 세 가지로 귀결될 것이라는 뜻이다.

이번 중앙부처 파견근무의 경우에는 내 의사와 판단과 결정이 절대적이었다. 아내와 결혼을 하고, 아이들을 낳아 기르고, 아파트를 장만하는 등 지금까지 살아오면서 겪은 대부분의 과정에서 아내와 많은 의견을 나누었고, 내 의사보다는 아내의 뜻이 더 많이 반영되었다. 최종적인 결론에 도달하는 과정에서 나 자신이나 아내와의 갈등은 늘 있어 왔다. 30년이 넘은 아직까지도 우리의 부부생활이 유지되고 있다는 것을 간결하게 표현한다면 수많은 갈등을 슬기롭게 극복했다고 할 수 있지 않을까?

이름만 대면 대한민국의 모든 사람들이 알만한 유명인사들이 성격 차이 등을 이유로 "잉꼬 같다" "부부 금실이 좋다"라는 등의 사회적 평가를 뒤로하고 짧거나 긴 결혼기간을 개의치 않은 채 자식들을 내팽개치고, 부모와 형제자매들의 만류에도 불구하고 이혼하는 경우를 너무 자주 본다. 이것도 한마디로 말하자면 부부간에 발생된 갈등을 원만하게 해결하지 못한 결과라고 생각된다.

그런데 이번 일을 겪으면서 스스로의 심적인 갈등을 너무 많이 겪었다. 아내에게만은 넌지시 속내를 보였지만, 가족이나 친지를 비롯하여 가깝게 지내는 누구에게도 속 시원하게 털어놓고 의논하거나 의견을 구할 수 없었다. 내 의지가 확실하였고 자발적 의사로 저지른 일이었기 때문이다. 파견근무 신청부터 확정, 그리고 2년 뒤에 파견근무가 끝날 때까지의 모든 일에 대해서는 전적으로 내가 책임을 져야 하기 때문이다. 진지하게 의논한 것은 아니었지만, 파견근무 신청부터 확정까지, 더 나아가서는 지식경제부로 파견 발령이 나는 순간까지도 "다시 생각해 보라" "나중에 후회할 일 하지 마라"는 등의 충고와 조언을 해준 사람도 많았다. 어쩌면 파견근무를 신청하기로 마음을 결정하고, 인사부서에 신청하는 순간부터 주변 사람들의 의견에는 귀 기울이지 않기로, 절대 흔들림이 없기로 다짐하였던 것 같다.

지금까지 살아오면서 숱하게 많은 실수와 시행착오를 거쳤다. "남아일언중천금(男兒一言重千金)"이라는 말이 있지만, 말을 실천하지 못하고 바꾼 기억도 너무 많다. 그러나 이번에는 바꿀

수가 없었다. 바꾸기가 싫었다. 바꾸고 싶지 않았다. 말과 결정을 뒤집으면 주변으로부터 "실없는 놈, 속과 겉이 다른 놈, 말과 행동이 다른 놈"이라는 평판을 받는 게 두렵고 싫었다. 50대의 문턱에 들어선 놈이 앞으로 남아 있는 삶의 과정에서 겪게 될 많고 새로운 일을 과연 어떻게 감당할 수 있을까 하는 생각들을 셀 수도 없을 정도로 한 것이다.

불안과 두려움은 당연한 것

불안은 ① 걱정이 되어 마음이 편하지 않음 ② 분위기 따위가 안정되지 않고 뒤숭숭함 ③ 인간 존재의 밑바닥에 자리 잡은 허무(虛無)로부터 비롯하는 위기적 의식을 말한다.

갈등하는 동안 불안하여 마음 편하게 잠 못 이룬 적도 많았다. 이 기간에는 매일매일 벌어지는 술자리가 잠을 이루는 데 큰 도움이 되었다. 주변에 있는 고마운 분들이 자리를 만들어주지 않았다면 혼자서 고독하고도 몸에 좋지 않은 술을 많이 마셨을 것이다. 그로 인하여 술병이 나서 몸을 크게 상하였거나 잘못되었을 수도 있다. 심정이 불안하고 초조한 상태에서 마시는 술은 몸에 독이라고 한다. 또한 이런 상태에서는 만취하기 쉬우며, 아무에게나 시비할 수도 있고, 미처 상상할 수도 없었던 사고를 칠 수도 있다. 그 어려운 갈등과 불안의 시기에 위로 및 격려해주고, 용기와 자신감을 북돋아 주며, 황금 같은 귀중한 시간을 내어 함께 해준 모든 분들에게 이 글에서도 진심으로 고맙다는 뜻을 표시하고 싶다.

　첫 번째 닥친 불안은 파견근무를 신청하기로 한 판단과 결정에 대하여 아내와 가족이 과연 찬성할까 하는 것이었다. 이게 뜻밖에 쉽게 해결되어 신청을 하고 난 이후에는 동해시는 물론, 강원도 내에서의 경쟁 상대들을 이기고 과연 파견이 확정될 수 있을까 하는 불안으로 이어진다. 파견근무가 확정된 뒤에는 보다 더 실질적이고 구체적 차원인 중앙부처 근무와 서울 생활에 쉽게 적응할 수 있을까 하는 것이다. 중앙부처 파견근무로 인하여 우리 가족은 다섯 살림을 하게 되었다. “가족은 4명인데 왜?” 하는 의문을 가질 수 있다. 지금까지 딸은 사북에서 직장 다니고, 아들은 청주에서 대학교 다니며, 우리 부부는 동해에서 생활하였다. 그러나 나의 재테크 실패로 가정의 경제사정이 여의치 못해 올해 초부터 아내도 정선에서 일자리를 구하였으므로 사실상 아파트는 가구들만 보관하고, 우리 가족이 드문드문 만나는 장소가 되어버린 것이다. 결국은 이것도 느지막이 내가 저지른 일로 인하여 벌어진 사태인 것이다. 딸과 아들의 생활이 확실한 것 빼고는 모두가 진행 중인 상태로서 전망은 대단히 불투명하다.

　그나마 아내는 부업으로서 이것저것 해본 경험이 있으며, 꽤 오랜 시간 동안 정보를 수집하고 시장분석까지 한 상태에서 나와 의논하여 일을 시작하였다. 하지만 나의 경우는 전혀 그러하지 못하였다. 계기도 부정형 적으로 느닷없이 발생하였지만 나의 대응도 그보다 더했다고 할 수밖에 없다. 6급 공무원의 봉급은 빤한데 동시다발적으로 일이 너무 커진 것이다. 아내의 새로운 사업과 나의 수도권에서의 숙박문제는 돈이 관련될 수밖에 없는데 수중에 가진 것은 없으니 해결방법이 쉽게 떠오르지 않는다. 그러나 이것조차도 선배 파견근무자나 근무 예정지 직원, 수도권에 생활하는 지인 등을 통하여 미리 충분히 알아보지 못한 불찰이었음을 머지않아 알게 된다. 일단은 최소한의 소요경비를 만들고, 지출을 줄이기 위해 아반떼와 투싼 중 그리 오래 타지 않은 투싼을 매도하고 모닝으로 차를 바꾼다. 지금까지 동해에서 큰 변화 없이 평온하게 생활할 때는 전혀 신경도 쓰지 않았던 당분간은 공가이다시피 할 아파트 처리문제, 나와 아내의 이사, 수많은 살림 처리, 여러 건에 이르는 대출금의 상환기간 연장, 나 홀로 서울 생활하면서 벌어질 예측 불가능한 크고 작은 일들 등이 시도 때도 없이 머리를 짓누르고, 뒷골을 아프게 만드는 것이었다.

선택과 결정에 대하여 책임질 사람은 오직 나 하나뿐

"시간이 해결해 준다"라는 말이 있다. "궁즉통(窮則通: 최선을 다해 노력해야 변화가 일어나고 변화가 생겨야 비로소 길이 뚫리며, 이 같은 노력의 결과라야만 오래도록 지속된다는 우주 자연의 근본법칙)"이라는 말도 있다. 내가 의도적으로 만든 새로운 변화에 따라 새롭게 맞닥뜨리게 된 일들, 갈등을 불러일으키고 마음을 편치 못하게 했던 것들이 시간이 지나고, 여러 궁리를 하게 됨에 따라 해결의 실마리가 보인다. 사람들이 보편적인 생각을 가지고 이루고자 하는 일들이 그 일에 동참해 보고자 하는 이들의 문제 해결 범위를 크게 벗어나지는 않을 것이다. 각자 처한 여건과 상황에 차이가 있으므로 그것을 해결하는 방법과 수준은 다르겠지만 결국엔 가능하고도 바람직한 방향으로 일을 풀어나가는 것이다. 이 과정에서 가장 중요하고 핵심적으로 영향을 미친 것은 "내가 선택하고 결정한 것에 대하여 책임질 사람은 오직 나 하나뿐"이라는 마음이었다. 주변에서 나와 내 일에 관심을 가지고 있는 많은 사람들이 충고와 조언을 해 줄 수는 있지만 그 누구도 모범답안을 만들어 줄 수 없다는 것이다. 나 혼자 해결해야 하는 나만의 문제이기 때문이다.

과천으로 직장을 옮기면 가장 첫 번째로 닥치는 문제가 집(방)을 구하고 이사하는 것이다. 수도권에 외가와 사촌 형제들이 많이 있지만 어떤 식으로든지 전혀 부담을 주고 싶지 않았다. 혼자 생활하게 되고 현재의 경제 형편이 여유가 없으므로 전세나 오피스텔 등 과분한 생각은 아예 접는다. 수도권 생활을 처음 하게 되므로 시행착오가 있을 것을 예감하고, 가능한 여러 가지 방안을 생각한다. 각별히 친하게 지내던 형철 형님을 생각하게 되었고, 용기 내어 전화하였더니 귀찮고 어려운 부탁임에도 전혀 망설임 없이 흔쾌하게 받아들여 준 것이다.

다음은 농협 대출 건이 신경 쓰이게 한다. 소액 대출을 여러 번 받아 상당히 큰 금액이 되었고 상환능력이 되지 않기 때문에 매월 1건 이상을 계속 연기해 왔다. 2년간 대출 때문에 오가지 않고 해결할 방법을 고민하다가 농협을 방문하여 사정 설명을 하니 과천 지점에 가서 서류작성만 하면 된다고 한다. 대출도 받지 않은 낯선 곳의 금융기관을 자주 드나드는 것이 보기에도 좋지 않을 것 같아 그것마저도 생략할 방법을 부탁하니 그것은 어렵다지만 뜻밖에 쉬 해결된 것이다.

우리 가정의 부채 대부분은 내가 재테크하다가 실패하여 발생한 것이다. 공무원 봉급으로 생활하기도 벅찬데 내 수입과 비교하여 막대한 대출금을 상환하는 것은 대단히 어려운 일이다. 차라리 불가능하다고 보는 것이 맞을 것이다. 원금 상환은 꿈도 꾸지 못하고 이자도 내 손으로 해결이 곤란하므로 파견기간만이라도 봉급통장의 관리권한을 내게 맡겨달라고 조심스럽게 부탁하니 아내의 반응이 냉랭하고 어처구니없다는 표정이지만, 결국은 동의해 준다. 심적으로 가장 큰 스트레스를 주던 문제가 또 해결된 것이다. 하지만 30년 넘게 살아오면서 봉급 관리에 대해서는 전적으로 아내에게 맡겼으므로 과연 여유가 있는 것인지, 어떤지는 알 수가 없다. 이 밖에 소개한 것보다 작은 여러 가지 일들이 있었지만 한 가지씩 모두 해결되었음은 물론이다.

평정(平定)과 각오 다지기

일주일 정도의 시간이 지나니 넘기 어려웠던 장벽들이 하나씩 사라지고 앞에 빛이 보이는 것 같다. 근본적인 해결책은 아니지만 언제, 어느 때 발령이 난다 하여도 서울 생활을 시작하고, 정부청사로 출근하여 근무하는 데는 전혀 문제가 없는 것이다. 그렇다고 해서 머릿속과 마음이 편한 것은 결코 아니다. 직접 부딪쳐 체험해 보아야만 알 일이고, 그 이전까지 확실한 것은 단 한 가지도 없기 때문이다. 이런 상황에서도 먼저 파견근무를 하였던 선배나 현재 파견 중인 직원에게조차 전화 한 통화하지 않은 것은 무슨 배짱이었는지 지금도 도무지 이해되지 않는다. 어쩌면 알아보아야겠다는 것에까지 미처 생각이 닿지 못하였다는 표현이 맞을 것이다. 너무 쉽게 생각한 것인가, 아니면 알아보아야 각자 부딪칠 상황이 다른데 괜히 지레 겁먹고 골치 썩이지나 말자는 심사였을까? 아마도 뒤쪽으로 무게 중심이 더가 있었을 것 같다.

언제쯤 발령이 날지를 알아보니 알 수 없다고 한다. 이때는 마음 한 편으로 빨리 나기를 바랐는데 기왕에 동해시를 벗어나기로 작정하였으므로 새로운 환경을 하루빨리 만나고 싶었고, 그곳에 대한 기대와 설렘도 매우 컸다. 다른 한 편으로는 될 수있는 대로 시일이 늦어지기를 기대하였는데 갈등과 불안의 연속 선상에 있었기 때문이다.

연일 이어지는 회식자리에서 똑같거나 비슷한 질문을 많이받았으며 내 대답은 거의 판에 박은 듯 비슷하였다. 시청 안에서 걸어 다니다가 만나는 직원들이나 전자우편을 통하여 보내오는 의견도 대동소이(大同小異)하고 대답은 늘 같다.

이런 과정 속에서 반복 학습의 효과를 톡톡히 누린 것 같다. 처음 "그 (늙은) 나이에 6급으로 중앙부처 간다는 것이 제정신이냐? 머지않아 사무관으로 승진도 할 것 아니냐? 그 복잡한 서울에서의 출퇴근과 생활은? 건강은?" 등의 질문을 받았을 때는 미처 깊게 생각하지 않았던 터라 막연하였으며 답을 생각하고 말할때는 감정이 격앙되었음을 스스로 느꼈다. 그러나 반복되는 질문에 수도 없이 대답하다 보니 나중에는 모범답안을 외워놓은 대사처럼 막힘없이 줄줄 나온다.

이러는 과정에서 머리와 마음속으로는 시시각각으로 흩어지고 약해져 가는 의지와 각오를 되뇌고 다짐하면서 평정심을 되찾게 된다. 내가 의식하지도 않은 순간에 수시로 자기최면을 걸었다고 해도 되겠다. 갈등과 불안은 내가 자초(自招)한 것이지만 안정을 되찾고 각오를 다지는 데는 아내와 가족을 비롯하여 많은 분들의 도움이 알게 모르게 컸던 것이다.

08

아내는 어디에서 그런 배짱이

08 / 아내는 어디에서 그런 배짱이

1등 공헌은 아내 몫

이번 나의 다소 무모해 보이는 도전, "내 우물 벗어나기"의 1등 공헌은 당연히 아내의 몫이다. 나에게 있어서는 평범한 일상에서의 탈피, 변화의 추구 등 어떤 명분과 당위성이 있다고 하여도 아내로서 받아들이기에는 결코 쉽지 않은 일이었으리라 생각한다. 나에게 중요하고 가치 있어 보이는 일이 아내에게도 똑같은 비중과 값어치가 되지는 않을 것이다.

그러나 30년 이상을 부부로서 같이 살아오며 이루고자 하였던 공동의 목표는 공감대가 형성이 되었기 때문에 가능한 일이었으리라. 상대적으로 사소한 것에서부터 가정의 명운이 걸려 있는 중요성이 있는 일에 이르기까지 나나 아내가 독단적으로 판단하고 결정한 것은 별로 없어 보인다. 그 과정에서 어떤 때는 쉽게 합의에 이르렀지만, 큰 부부싸움까지 벌어진 이후에 수습된 경우도 적지 않다.

다양한 결혼기념식 이름

81년 8월에 아내를 처음 만났고, 82년 초에 동거생활을 시작하였으니 벌써 31년째를 맞고 있다. 기왕에 결혼 얘기를 꺼내자니 결혼기념일에 관한 용어를 찾아보았다.

우리 부부는 지혼식(紙婚式: 1주년 기념일), 고혼식(藁婚式: 2주년), 당과혼식(糖菓婚式: 3주년), 혁혼식(革婚式: 4주년), 목혼식(木婚式: 5주년), 화혼식(花婚式: 7주년), 전기기구혼식(電氣器具婚式: 8주년), 도기혼식(陶器婚式: 9주년), 석혼식(錫婚式: 10주년), 강철혼식(鋼鐵婚式: 11주년), 마혼식(麻婚式: 12주년), 상아혼식(象牙婚式: 14주년), 동혼식(銅婚式: 15주년), 자기혼식(磁器婚式: 20주년), 은혼식(銀婚式: 25주년), 진주혼식(眞珠婚式: 30주년) 등 이름 있는 16단계를 산전(山戰)·수전(水戰)·공중전(空中戰)을 무사하게 잘 치르면서 여기까지 왔다. 무슨, 결혼식 기념일이 이렇게도 많다는 말인가? 생면부지(生面不知)의 두 청춘남녀가 만나 한 살림을 차렸으니 1년에 한 번이 아니라 매일매일의 기념식을 치러도 될 일이다.

결혼식하고 신혼여행 가서 헤어지는 부부도 많다고 하는데 지지고 볶으며 살아왔건, 실상이야 어떠하든지 겉으로 드러나 보이는 것만으로 판단한다면 지금까지는 부부관계를 잘 유지하면서 결혼생활을 잘하고 있다고 평가받아도 되지 않을까 싶다.

앞으로도 남아 있는 단계, 거쳐야 할 관문은 많고 하나씩 통과하기가 훨씬 더 어려울 것이다. 산호혼식(珊瑚婚式: 35주년),

벽옥혼식(碧玉婚式: 40주년), 홍옥혼식(紅玉婚式: 45주년), 금혼식
(金婚式: 50주년), 회혼식(回婚式: 60주년), 금강석혼식(金剛石婚式:
75주년) 등이며 결혼 80주년 이후에는 만들어 놓은 이름이 없다.
아마도 일반적으로 80년 이후의 결혼생활은 유지될 수도 없을
뿐만 아니라, 현실적으로 불가능하기 때문일 것이다.

그러나 조사한 바에 따르면 영국에서는 100세인 부인과 105
세인 남편이 결혼 80주년을 맞아 기네스북에 올랐다고 한다
(2005. 6. 2 매일경제 TV). 또한 우리나라에서도 제주 남제주군
대정읍 하모리 이춘관(102), 송을생(97) 씨 부부는 1922년 1월 25
일 결혼해 2002년에 결혼 80주년을 맞았으며 이들은 서울대 의
대 '한국 100세 연구팀'의 조사 결과 국내 최장 해로 부부로 밝
혀졌다고 한다.

남제주군에서는 이들의 결혼 80주년이 세계 최장수인 것으로
파악하고 기네스북 등재를 추진할 예정이라고 하였는데 더 이
상의 보도 자료가 없는 것으로 보아서는 계획대로 되지 않았는
가 보다(2002. 1. 25 연합뉴스).

과연 우리 부부는 어느 단계까지 거치게 될지 내심 궁금하다.
그런데 가만 생각해보니 그 많은 기념식을 거쳐 오면서 아내에
게 따로 챙겨준 것은 하나도 없다.

기껏 해봐야 결혼기념일에 꽃바구니(꽃다발) 전달하고, 케이
크 자르고, 샴페인 터뜨리고, 저녁 식사 같이 하고, 간단한 선물
전해주는 정도였던 것 같다. 한 번도 거른 적은 없지만 아내로
부터는 어느 정도의 점수를 받았는지 알 수 없는 일이다. 이거

곁길로 너무 많이 벗어난 것은 아닌가? 하지만 결혼생활이 아내의 배짱과는 분명한 관계가 있다고 보는 것이 내 생각이다.

내가 아내의 입장이었다면

아내의 배짱을 내 나름대로 추측해 보기에 앞서 "만약 내가 아내의 입장이었다면 과연 나는 어떻게 했을까?"를 생각해본다. 그러나 당시의 당사자가 아니었고, 모든 것이 해결되어 비교적 안정된 생활을 하고 있는 시점에서 되돌아보는 것이므로 현실성이 많이 떨어지고 쓸데없는 일일 수도 있다. 그러나 늦었고 무의미할지라도 아내의 심정을 진정으로 헤아려보는 것이 최소한 아내의 마음과 결단에 대한 예의라고 생각한다.

아내가 어느 날 느닷없이 "그동안 가정에 너무 얽매어 있었는데 내가 원하던 일 하기 위해 몇 년간 외지에 나가서 생활하겠으니 허락해 달라"고 한다면 승낙하기가 쉬운 일이 결코 아니다. 그것도 한두 시간 안에 긍정적인 결정을 해야 한다면 말이다. 남자와 여자라는 차이점, 가정을 책임진 가장과 가사를 전담한 배우자라는 맡은 역할 등의 차이가 있으므로 같은 잣대로 비교하면 안 될 일이다. 하지만 지금까지 아내와 같이 30년 넘게 살아오면서 이루어진 수많은 일들을 되새겨보니 쉽지는 않았겠지만, 아내가 간절하게 바라는 일이었다면 결국은 그 뜻에 따랐을 것이다.

아내의 배짱은 어디에서

　주변의 많은 사람들이 정말 어려운 결정, 아무나 할 수 없는 선택을 했다고 이구동성(異口同聲)으로 말한다. 나의 선택과 결정이 아내에게도 큰 스트레스를 주었을 것이다. 아니, 내가 받은 것보다 훨씬 더 컸다는 표현이 맞을 것이다. 내가 받았고 느꼈던 갈등과 불안 등을 앞에서 한두 번 언급하였고, 아내도 크게 다르지 않다고 판단하기에 여기에서 구체적인 사례들은 생략해야겠다.

　배짱은 진정으로 가진 것이나 실력이 있을 때 부린다. 간혹 거짓으로 써먹기에 허장성세(虛張聲勢: 실속은 없으면서 큰소리 치거나 허세만 부림)라는 말도 있기는 하다. 아내가 가지고 있는 것은 무엇일까? 나도 모르는 또 다른 속마음을 가지고 있는 것인가? 나에 대한 믿음? 이것은 제쳐 두어야 할 것 같다. 나 스스로 판단하기에도 그 오랫동안 살아오면서도 신뢰를 받기에는 뭔가 많이 부족하다는 느낌이다. 나도 모르게 숨겨놓은 돈? 이것도 아니다. 그렇게 할 정도의 여유는 전혀 없이 살아온 생활이다. 늘 궁핍하게 쪼들리며 고생스럽게 살아왔기에 한 푼이라도 더 벌려고 일찍이 부업전선에 뛰어든 사람이다.

　아내의 배짱은 일찍이 어려서부터 생활 속에서 싹트고 자라온 것 같다. 젖먹이 때에 아버지를 일찍 여의고 홀어머니 밑에서 어렵게 자랐다. 보통의 중·고등학교를 다니지 못하고 재건학교를 졸업하였으며 일찍 취업하였다. 정해진 팔자가 꼬이고 좋지 않은 탓인가? 일반적인 결혼 적령기보다 빠른 나이에 나를 만나 부부로서의 연을 맺고 가정을 꾸렸다. 고생문이 열린 것이다. 독립된 가정을 만들고 가꿔온 30여 년의 오랜 세월 동안 세상의 험한 세파와 싸워 오면서 아내의 방법대로 가정을 지키기 위해 내공을 다져온 것이다. 자기의 인생과 미래를 맡긴 나만을 믿을 수 없기에 스스로의 힘과 능력을 키워 온 것이다.

30년 넘게 살아왔다지만 처음 만났을 때의 사랑의 감정이나 나에 대한 애틋한 정은 어느 정도나 남아 있을까? 나 스스로 판단하기에도 아무리 좋게, 긍정적으로 평가한다고 하여도 고개를 설레설레 저을 수밖에 없다. 그런 게 조금이라도 남아 있기를 바라는 것 자체가 너무 뻔뻔스러운 것은 아닐까 하는 마음이 든다.

차라리 연민이나 더 이상 나빠질 것도 없는 나를 포기하는 심정으로 마지막 기회를 준 것은 아니었을까? 이도 저도 아니라면 자기의 또 다른 인생을 포기해서라도 가정을 지켜내고자 하는 희생과 헌신의 마음, 결손 또는 파탄 가정이라는 빨간 딱지를 받을 수 없다는 남다른 의지와 각오, 두 아이들에게 가정을 지키기 위해 애쓴 현모양처(賢母良妻)의 본 모습을 몸으로 보여주기 위한 노력 등이 복합적으로 작용한 것이라 여겨진다.

이런 배짱 가진 여자, 주부는 과연 얼마나 있을까? 그렇게 많지는 않을 것 같다. 지금까지 살아오면서 "마누라 참 잘 얻었다" "장가 잘 갔다" "마누라 복으로 살고 있다"는 등등의 얘기를 많이 들어왔다. 그때마다 겉으로는 표현하지 못했지만, 속으로 "내가 어때서?" 하는 마음이 없지는 않았지만 여러 사람들이 똑같은 얘기를 하므로 동의할 수밖에는 없을 것 같다. 어찌 되었거나 지금까지는 믿어주고 도와주고 힘까지 보태어주는 아내가 있으니 나는 무척 운이 좋은 놈이다. 복이 참 많은 놈인가 보다.

09

그 엄마에 그 자식인가

 그 엄마에 그 자식인가

놀람 속에 받아들이고 응원해 준 자식들

아내의 승낙을 얻어낸 뒤 바로 딸에게 전화하여 일의 자초지종(自初至終)을 설명해준다. 직장이 집에서 멀리 떨어져 있지는 않지만 썩 자주 집에 오는 편은 아니다. 하지만 요즘 얼굴을 보지 않아도 소통할 수 있는 방법이 얼마나 많은가? 비교적 우리 가족은 대화가 잘 이루어지기에 잦은 갈등도 초기에 수습하는 등 딸도 집안 돌아가는 사정을 잘 알고 있다.

나를 닮은 탓인지 술도 한 잔씩 하기 때문에 가끔은 부녀지간에 술자리도 이루어진다. 큰 비밀은 아니지만 제 엄마에게는 하지 못할 일도 먼저 상의하는 경우가 더러 있는데 결국엔 딸을 통하여 아내가 알게 되므로 한 단수 높게 이용하는 것이라는 것을 알기나 했을까?

그러므로 5급 승진에서도 계속 조금씩 밀리고 있다는 것, 재정적으로도 내 잘못으로 인하여 사정이 어렵다는 것을 잘 알고 도움까지 주었으므로 내 일에 대해서 관심이 클 수밖에 없다.

첫 번째 반응은 "이 절박하고 어려운 상황에서 할 선택은 아니다. 엄마가 허락을 해주더냐? 앞으로 2년간 서울에서 혼자 어떻게 생활하려고 하느냐?" 등등 아내가 보인 반응과 비슷하다. 하지만 엄마와 상의하였고 설득하여 승낙받았다고 하니 저인들 다른 도리가 없을 것이다.

"사실 가족회의라도 해서 진지하게 의논해야 하지만, 시간이 없어 급하게 서두른 것이다. 어렵게 내린 결단이므로 앞으로 뭐가 되었든 네 도움이 필요할 때 도와 달라"는 말로써 설명과 이해에 혹까지 덧붙여 준다. 제법 어른스럽게 "이제는 모두 끝났네. 내 의견은 필요도 없는데 왜 전화했느냐? 힘들게 내린 결정이므로 계획한 대로 잘 되기를 바란다. 주말에 집에 갈 것이니 그때 자세히 얘기하자"는 응원의 메시지까지 보내준다. 하지만 전화 속을 통해 전해오는 말투는 영 탐탁해하지 않음을 느끼게 한다.

이어서 아들에게 전화하여 설명해준다. 이 녀석은 그래도 사나이라는 마음 때문인지 뜻밖에 반응이 덤덤하다. "아빠, 그 나이에 그게 말이 돼요? 머리카락도 하얀 사람이 어떻게 아들같이 새파란 사람들 밑에서 일해요? 그리고 서울에서 아빠 혼자서 어떻게 생활해요?" 한다.

내용에는 걱정과 염려의 뜻이 들어가 있는데 정말 어이가 없다는 말투다. 어차피 내가 아들과 상의하는 것도 아니고 결정난 것이므로 어떤 반응을 보인다 해도 겁나거나 크게 신경 쓸

일은 아니므로 차라리 잘 되었다 싶다. "아빠가 결정한 것이고, 엄마와 의논도 했다고 하니 뭘 하건 하여튼 잘하세요"라는 말로 서 부자지간의 대화를 끝낸다.

직장 생활을 잘하고 있는 딸

딸은 올해 30살이다. 강원도에 소재한 지방 국립대학교를 졸업하고 정선에 있는 강원랜드에 다닌 지 5년째를 맞고 있다. 비교적 안정된 직장으로 평가받고 있는 향토기업으로서 취업 이후 지금까지 잘 근무하고 있으니 본인이 그만둘 마음이 없는 한 앞으로도 계속 다닐 것으로 기대하고 있다. 대학교는 제가 선택하여 입학하였지만 적성에 맞지 않은지 2학년을 마치고 다른 것을 찾기 위하여 2년 가까이 휴학을 하였다.

그 기간 중에 우연하게 카지노 딜러에 관심을 갖게 되었고, 전문 교육기관에 들어가 교육을 받던 중 발탁되어 비교적 빠르게 취직한 것이다. 당시에는 그게 적성에 맞았는지, 아니면 다니던 학과에 크게 싫증을 느껴 변화를 갖고자 선택하였는지는 크게 따지지 않았다. 우리 부부도 카지노라는 게 뭔지 잘 알지 못하는 상태에서 썩 좋은 직업은 아니지만 본인이 한번 해보고 싶다고 하므로 그 뜻에 따라준 것이다. 직장을 다니면서도 대학교는 졸업하였으므로 다행이다 싶다. 현재의 직장이 또 싫어지면 어떻게 될지 알 수 없으니 학업은 마치라는 부모의 뜻에 따라준 것이 기특하고 고맙기까지 하였다.

나는 고등학교를 졸업한 해에 대학교에 진학하지 못하고 바로 취업하면서 사회생활을 시작하였다. 딸도 대학교 휴학 중에 취직하였으므로 동창생들에 비하면 사회생활을 빨리 시작한 편에 속한다고 할 수 있겠다. 그러나 사실상 고등학교를 졸업하고 대학교에 진학하면서 사회생활은 시작된다고 보아도 될 것 같다. 그렇다면 벌써 사회생활을 한 지 10년, 직장생활을 한 지도 5년이 넘었으므로 세상 짬밥을 어지간히 먹었다고 인정해줘도 될 듯하다. 대학교 다닐 때도 아르바이트를 하면서 용돈을 벌고 학비에도 보태었으며, 졸업하기 이전에 벌써 취업이 된 상태이므로 집에서 급전이 필요할 때는 보태주고 있는 통 큰 모습도 보여주고 있으니 내 딸이지만 예뻐하지 않을 수 없다.

대학교에 재학 중인 아들

아들은 올해 25살로서 청주에 소재한 지방 국립대학교 3학년에 재학 중이다. 육군에 입대하여 의무 복무를 마치고 지난해에 복학하였다. 1학년 때에도 틈틈이 아르바이트를 하여 제 용돈은 제가 해결하였다. 혹 학업에 지장이 있을 수도 있겠지만, 최소한 용돈 정도는 스스로 벌어 사용하는 것이 앞으로의 삶에 도움이 될 것 같아 내가 권장하였고, 이에 따라준 것이다. 휴학한 후 입대하기까지, 그리고 복무가 끝난 후 복학할 때까지의 대기기간 중에도 한 푼이라도 더 벌기 위하여 애쓰는 모습이 부모로서 마음 한 편이 불편하기도 했지만, 속으로는 대견스럽게 느껴지기도 하였다. 2학년으로 복학한 이후에도 주말이나 방학기간 중에는 특별한 일이 없으면 귀가하지 않고 청주에서 아르바이트를 하며 학업에 전념하고 있다. 또한 기왕 아르바이트할 바에는 수입을 더 올릴 수 있는 심야시간을 택하여 해오고 있다. 누나가 대학 생활할 때 아르바이트한 것을 보았기에 당연한 것으로 알고 받아들이는 것으로 보인다. 이것으로 인하여 저와 부모 간에 갈등이 생긴 적은 단 한 번도 없었으나 제 손으로 모든 것을 해결하기에는 어려움이 있는지 간혹 손을 벌려 도움을 요청하는 경우는 있다.

아들도 부모와 누나를 따라 사회생활, 삶의 현장에 비교적 빨리 발을 들여 놓았으며 힘들고 바쁜 학업 중에도 잘 적응하고 있는 것으로 판단된다. 가정마다, 사람마다 차이는 있겠지만 가정의 분위기가, 그리고 연장자가 보다 바람직스럽다고 생각하는 방향으로 나아가기 위하여 노력하는 모습을 보여주면 성장하면서 배우는 자녀나 동생들도 자연스럽게 따라오는 것이라 느껴진다. 아직은 제가 정해 놓은 목표를 이루기 위하여 배우는 학생 신분이지만 대학교 진학 이후 한쪽 발은 사회에 계속 담가 놓고 있었기에 내 직업과 직장생활, 그리고 현재의 상황과 장래에 대해서도 어느 정도는 나름대로의 인식과 안목을 가지고 있을 것이라 믿는다. 저 또한 늦어도 2년 안에는 목표한 바를 이루든, 아니면 진로를 바꾸든, 어떤 것을 선택하든지 평생 직업을 구해야 하는 상황을 눈앞에 두고 있는 처지이기 때문이다.

자식들에게 어떤 모습을

지금 내가 이 상황에서 죽음을 맞이한다고 가정했을 때 자식들에게 물려줄 것은 재산과 명예 등 아무것도 없다. 아마도 나에 대한 원망, 내 자식으로 태어난 것에 대한 후회와 한탄 등이 아닐까 싶다. 이제 앞으로 나에게는 나를 충분히 이해하고 내 뜻에 따라준 자식들에게 뭔가 보여주어야 할 일만이 남아 있다. 정말 부담스러운 일이지만 특별한 그 무엇인가를 하지 않을 수 없다. 그냥 지식경제부에서 2년간 근무하면서 새로운 업무 조금 배우고, 새로운 사람들 만나 교류의 폭을 넓혔다는 것만으로는 부족하다.

수도권에서 생활하면서 서울과 과천 등지에서 구경 많이 하고 더 넓은 시야와 안목을 가지게 되었다는 것으로도 안 된다. 답은 명백하게 나와 있다. 2년간의 짧은 중앙부처 파견근무 기간에 예전의 아버지와는 다른 모습을 보여주어야 한다. 지금까지 50년 가까이 살아오면서 수많은 변화를 거치면서 만들어 왔고 2~30년 가까이 보여주었던 내 생각과 행동, 습관과 태도 등을 전면적으로 바꾸기는 어렵겠지만 반드시 변모시켜야 한다. 변화하기 위해 새로운 생각과 마음으로 부단히 공부하고 노력해야 한다.

하루빨리 뚜렷한 목표를 세우고 방향을 정립하여 이루어나가야만 한다. 특히, 가족들과 떨어져 혼자 생활하지만 건강을 유지하고 증진하는 것은 최고의 목표이고 절대적인 일이다. 건강을 잃는다면 무슨 소용이 있겠는가? 오히려 시도하지 않은 것보다 더 나쁜 상황을 만들어서는 절대 안 된다. 이를 위해 지금까지 해오던 그 이상으로 철저하게 건강관리를 해야만 한다. 모든 부정적이고 위협적인 요소들은 최대한으로 줄여나가자. 약점과 단점은 최대한 보완하자. 긍정적이고 기회적인 요인은 최고도로 살리자. 강점과 장점은 최대한 활용하도록 하자.

10

더부살이하러 수원으로 이사하기

10 / 더부살이하러 수원으로 이사하기

새로운 삶 터를 향하여 동해 출발

2012년 3월 2일 지식경제부로 첫 출근을 해야 하기 때문에 3월 1일 07시 30분에 아내, 아들과 승용차를 타고 수원으로 향한다. 수도권에서의 생활과 지식경제부에서의 근무를 위하여 새로운 도전이 시작되는 날이다. 원래는 가방 1개에 1주일간 지낼 짐만 가지고 혼자 가려 하였으나 그래도 가장이 2년간 지낼 집으로 처음 가는데 혼자만 보낼 수는 없다고 하여 같이 나서기로 한 것이다. 딸까지 가족 모두 가보기로 하였으나 출발시각이 되어 연락도 되지 않고 나타나지도 않았으며 아들은 대학교가 있는 청주로 가는 길에 들러보기로 한 것이다. 수원에서 지내면서 필요한 게 있으면 택배로 부치던가 아니면 주말에 내려와서 가지고 가면 된다고 하였지만, 혼자 가는 게 썩 내키지 않은 것은 사실이었다. "기름 한 방울 안 나는 나라에서 기름값도 아끼고, 하루만에 왕복하려면 힘드니 그만 두라"고 만류는 하였지만 내 속마음을 알았는지 따라나서는 가족들이 무척이나 반갑고 고맙다.

너무도 단출한 이삿짐

사실상 이사하는 것이나 다름없다. 새벽 일찍 일어나 우선 며칠간 지낼 짐을 간단하게 꾸린다. 수원에서 원룸을 구하여 생활하고 있는 영철 형에게 부탁하여 일단은 같이 사용하기로 협의가 이뤄졌으므로 내 물건만 챙기면 되니 아내의 도움은 크게 없어도 된다. 내게 꼭 필요한 것을 찾아 간단하게 준비하기 위해서는 차라리 혼자 하는 편이 낫다 싶다. 짐을 모두 챙겨 포장하니 종이상자 2개와 가방 2개, 그리고 양복 4벌에 불과하다. 많이 빠트려서 너무 적은 게 아닌가 할 정도이다. 내가 쓸 짐이라고는 하지만 내가 준비하는 게 아내 마음에 찰 수는 없을 것이다. 결국엔 아내가 손을 대었고 이것저것 빼먹은 것을 많이 찾아서 꺼내 놓는다. 종이 가방도 몽땅 꺼내어 다시 포장하였는데 똑같은 크기이지만 내가 꾸린 것보다는 훨씬 더 많은 양이 들어간다. 돌이켜보니 지금까지 살아오면서 10여 차례 이상 집을 옮겼는데 내가 소소한 짐을 챙겨본 적이 거의 없다. 집 안을 가득 채운 수천, 수만 가지의 살림과 가재도구들이 아내 손을 거친 것이다. 짐을 옮기는 과정에서 부서지거나 망가지지 않도록 일일이 구분하여 포장해야 하고, 새집에서는 모두 풀어 다시 제각각 맞는 자리를 골라 진열해야 하므로 정말 보통 일이 아닌 것 같다. 왜 이런 것이 몇 개 되지도 않은 소소한 짐을 챙기면서 갑자기 생각나는 것인지? 아마도 그동안 살아오면서 잔소리는 많이

들었겠지만 크게 기억나지 않는 것으로 봐서는 아내는 그렇거
니 하며 이해하고 넘어간 것 같다.

드디어 수원에 첫 입성(入城)

나는 운전대 잡는 것을 싫어한다. 반면에 아내는 운전하는 것
을 좋아하고 드라이브를 즐기므로 아내가 운전대를 잡는다. 장
거리 가족여행을 갈 때도 나는 아내가 피곤하다거나 졸릴 때만
땜질용 운전을 한다. 아니나 다를까? 강릉휴게소에 들러 아침
식사를 하고 나니 피곤한지 운전대를 내게 넘긴다. 1시간도 채
안되는 시간 동안 몇 번을 깨더니 운전이 마음에 안 든다며 다
음 휴게소에서 운전대를 내놓으라고 한다. 나로서는 조금 미안
하지만 섭섭하기보다는 오히려 반가운 일이다. 이동 중에 내비
게이션을 잘못 봐서 길을 잘못 들었고 예정시간보다 30여 분 늦
은 11시 50분경에 수원시 영통구 영통동에 있는 원룸에 도착한
다. 우리가 조금 늦어지자 영철 형은 몇 번이나 전화하여 위치
를 확인하고 지리를 안내해주었다. 수원은 태어난 이래 두 번째
방문이다. 수년 전에 마라톤대회 참석하느라 서울에서 하룻밤
자고 풀코스 완주하며 거리를 지나쳐 본 것이 전부이다.

내가 얼마나 생활해야 할지 알 수는 없지만 수원시를 겉으로
나마 알기 위해 홈페이지를 찾았다. 2011년 11월 현재 121㎢ 면
적에 4개 구 39개 동이며, 인구는 41만 2천 세대에 110만 5천 명
(외국인 2만 7천 명)이다. 재정규모는 1조4,273억 원(재정자주도
75%), 공무원은 2,467명이고 주택은 27만 1천 호(보급률 92%)로

소개되어 있다. 동해시 인구의 12배에 달하는 정말 엄청난 규모로서 감이 잘 잡히지 않는다. 나와 크게 친한 사이는 아니지만 염태영이라는 시장 이름을 보니 많이 반갑다. 2002년 동해시청 환경정책과 환경관리담당으로 재직 시에 지방의제 21 업무를 담당하면서 그 추진기구인 "해오름의 고장, 푸른 동해 추진협의회"를 창립할 때 "지방의제 21 전국협의회" 사무처장으로 재직하고 있었다. 창립총회일에 동해시로 초청하여 강연을 하였으며, 지방의제 전국단위 행사 현장에서 가끔 만나 인사를 나누었던 기억이 있기 때문이다. 아마도 이제는 사회적으로 너무 유명인사가 되었고, 하는 일도 크고 광범위하기에 전혀 기억하지 못할 것이다. 이렇게 하여 나와 수원의 첫 인연은 시작된 것이다.

말로만 듣고 처음 본 원룸

"원룸"이라는 것, 언론매체를 통하여 얘기는 많이 들었으나 나와는 관계없는 일로 생각하였기에 전혀 관심을 두지 않았다. 심지어 영철 형과 같이 원룸에서 보내기로 한 이후에도 대체 그게 무엇인지 인터넷에서 검색할 생각도 하지 못했다. 뜻밖에 일이 쉽게 잘 풀려 걱정할 일이 전혀 없었기 때문이라 생각된다. 원룸은 "거실, 침실, 부엌 따위가 따로 구분되어 있지 않고 하나의 방안에 한데 이루어져 있는 아파트"로 기술되어 있는데 이해하기에 따라 다르겠지만, 현실과는 차이가 조금 있는 것 같다.

간단한 짐을 네 명이 나누어 들고 앞으로 생활하게 될 4층 건물의 3층 원룸으로 향한다. 지하에는 카페, 1층에는 일식집이 있으니 아내는 "한 건물에 1, 2차 할 곳이 모여 있으니 술 좋아하는 사람 좋겠네" 하며 핀잔을 준다. 출입문을 열고 들어가니 5~6평 정도 될 것 같다. 신발 벗는 곳 좌우로 신발장과 수납장, 붙박이 용 옷장이 있다. 3명 정도 가까스로 누울 수 있는 공간과 벽을 따라가며 가스레인지, 싱크대, 작은 냉장고, 화장실, TV와 PC(프린터), 옷걸이대 등이 설치(비치)되어 있고 좁은 베란다에는 세탁기와 빨래걸이대도 놓여 있다. 아기자기, 오밀조밀하게 꾸며놓은 것이 조금은 낯설고 신기하지만, 깨끗하고 두 사람이 잠만 자면 그런대로 지낼 수 있을 것도 같다.

내 짐이 크게 자리를 차지하는 것은 아니지만 일단 빈 구석에 가져다 놓으니 공간이 더 좁아짐을 확실하게 느낄 수 있다. 아무리 없다 해도 내가 개인적으로 쓸 물건들을 더 가져와야 하는데 더 이상 별도의 공간을 만들어내는 것이 상당히 어렵게 느껴진다. 혼자 사용하기에도 넉넉지 않은 이런 상황임에도 내 어렵고도 달갑지 않은 부탁에 선뜻 "일단은 같이 지내보자"고 한 영철 형의 마음이 무척이나 고맙게 느껴진다. 주요 건물과 버스 정류장, 골목길 등 주변의 지리를 간단하게 알려 준다면서 우리 가족을 30여 분간 안내해 준다. 아파트나 주택은 전혀 보이지 않고 모든 건물이 낮게는 3층부터 10여 층 이상의 상가 건물이다. 시기가 국회의원 총선거를 앞두고 있는 시점이라 입후보자를 안내하는 현수막이 곳곳에 걸려 있는 것을 보니 민주통합당 김진표 의원의 지역구로 보인다.

점심 식사를 휴게소에서 간단하게 하였으므로 모두 배가 고

프다고 한다. 원룸 근처의 '낙지의 맛' 식당에 들어가 낙지 샤부샤부와 볶음밥으로 점심식사하면서 오랜만에 만난 반가운 정을 나누고, 또 같이 지내게 될 기념 삼아 소주잔으로 건배를 한다. 식대는 영철 형과 아내가 서로 먼저 계산하겠다고 하지만 나 때문에 모두 수고 많았으므로 고마운 뜻에서 나에게 양보할 것을 부탁한다. 영철 형은 제주도로 출장을 가야 하기 때문에 먼저 작별하고, 우리는 수원터미널로 이동하여 아들을 청주행 버스에 태워 보낸다. 우리 부부는 다시 원룸으로 되돌아와서 아내는 짐 정리를 하고 나는 내일의 첫 출근 교통편을 확인 및 사전 답사하기 위해 집을 나선다.

이후 원룸에서 10여 일간을 같이 지낸다. 내가 불편한 점도 있지만, 불청객으로 느닷없이 쳐들어와 평온한 영철 형의 생활을 깬 것이 너무 미안하고 죄스럽게 느껴진다. 깊이 생각하고 아내와 상의한 뒤에 영철 형의 사소한 오해가 없도록 조심스럽게 잘 얘기하였고, 마침내 서울 신림동에 방을 구하여 따로 나가게 된다. 원룸에서 서로 이해하며 참고, 배려하고 솔선하면 두 명이 충분히 생활할 수도 있을 것 같다. 그러나 수십 년간 다른 생활환경에서 몸에 밴 습관을 조화롭게 맞추면서 생활한다는 것은 대단히 어려울 것이라 생각된다. 나와 영철 형은 같이 하는 마라톤 모임이나 사회생활을 하며 만나는 과정에서 상당히 절친한 관계라 할 수 있다. 10여 일간의 동거기간 동안 잘 지냈지만 시간이 지날수록 문제가 생길 수도 있겠다 싶어 서둘러 방을 구한 것인데 이후 객지에서 자주 만나지 못하는 것이 서운하기도 하지만 정말 잘했다 싶다. 혹시 부모나 자식 간, 부부나 형제자매간이라면 몰라도 그게 아니라면, 원룸에서의 동거는 아무리 절친한 사이라 하더라도 서로 심각하게 고민하여 결정하는 것이 바람직스러울 것 같다.

11

새로운 일터 출·퇴근하는
예행연습

출퇴근에 4시간이 걸린다?

3월 1일 목요일, 14시 55분에 앞으로 출퇴근할 때 가지고 다닐 가방에 넷북과 책 한 권을 넣어가지고 원룸을 나선다. 아내가 3월 2일 첫 출근할 때 승용차로 태워준다고 하지만, 앞으로는 대중교통을 이용해야 하므로 사전 답사와 현장체험이 절대적으로 필요함을 역설하고 실행하는 것이다. 앞으로 남편이 근무하게 될 사무실 구경 차 같이 가자고 하므로 얼마 되지도 않은 짐을 정리해 준다고 하며 따라나서지 않는다. 수원우편집중국 부근인 원룸에서 영일중학교까지는 부지런히 걸어서 10분 걸린다. 시간대를 잘못 선택한 것인 지 20분을 기다려 버스를 타고, 수원역에 도착하니 15시 55분이므로 1시간이나 걸린 것이다.

1호선 화서행 지하철을 타고 금정역에서 4호선으로 환승하여 정부과천청사역에 도착하니 16시 30분이다. 6번 출구로 나와서 안내표지판을 따라 지식경제부 기술표준원 5동에 있는 '지역특화발전특구기획단'에 도착하니 2시간이 걸렸으며 차비는 2,450원이 들었다. 집에서 나와 1km 정도 걷고, 한참을 기다려 버스 타고, 지하철로 바꿔 탄 후 환승하고 또다시 1km 이상을 걸어야만 한다. 아무리 수도권 지리와 교통에 까막눈이라고 하더라도 입이 떡 벌어진다. 휴일 오후 한산한 시간인데도 불구하고 출근하는 데만 2시간이 걸렸으므로 바쁜 아침 출근 시간에는 오죽할까 생각하니 앞이 깜깜하게 느껴진다. 수원에서 과천까지의 출퇴근이 대단히 어렵다는 것을 직접 겪어 보니 뭔가 다른 방법을 찾아야만 한다는 것을 절실하게 느낀다.

공휴일이므로 사무실 입구는 문이 잠겨있다. 되돌아서 반대 순서로 귀가하니 19시를 넘고 있다. 사무실로 가고 올 때 버스와 전철의 타는 방향과 위치가 헷갈려 시간을 더 많이 잡아먹기는 하였지만, 4시간 동안의 출·퇴근 연습에서 녹초가 되어 버렸다. 발과 다리, 가방을 멘 어깻죽지가 몹시 아프게 느껴진다. 숙소와 근무지가 너무 멀어 길바닥에 많은 시간을 쏟아 붓고 운동이나 글쓰기 등 계획한 것 중 여러 가지를 제대로 하지 못할 것 같다. 그러나 이제 시작이고, 교통편을 제대로 알지 못한 까닭도 있으므로 너무 성급하게 단정 지을 일은 아니다.

좀 더 지내면서 차근차근 여러 이동방법을 찾아내어 현장 답사해보고, 이동이나 대기시간을 최대한 줄여나가도록 해보기로 한다. 아내에게 예행 연습한 내용을 자세하게 알려 주니 "너무 먼 곳이다. 사무실 오고 가는 데만 하루에 4시간씩이나 걸리다니? 과천이나 인근 지역에 원룸을 구하는 것이 좋겠다."는 반응을 보인다. 수원에서의 더부살이 생활 결정에 이어 출·퇴근 방법에 대해서도 너무 무관심하였고, 안일하게 생각한 것이 못내 후회스럽고 창피스러움을 느낀다.

처음 본 정부과천청사

정부과천청사는 경기도 과천시 관문로 47번지 37만㎡의 대지에 건물규모(청사 5개 동, 부속건물 5개 동 등)는 16만㎡로서 1979년 4월부터 1993년 12월까지(13년 8개월) 공사가 이루어졌다. 기획재정부, 법무부, 지식경제부, 농림수산식품부, 환경부, 고용노동부, 국토해양부 등 7개 기관이 입주하고 있다. 부대시설은 주차장(3천 면), 체육시설(체력단련실 3개소, 심신수련장 2동, 테니스장 18면, 의무실), 청사어린이집, 구내식당, 연금매장, 이발소, 구두수선소 등이 갖추어져 있고, 조경시설로는 19만㎡의 녹지에 86종 11만 주의 조경수가 심어져 있으며, 1개소의 식물원(734㎡)도 있다.

통근 차량 이용이 거의 없었던 공직 생활

통근은 "매일 자기의 집에서 직장으로 근무하러 다니는 것"을 말한다. 동해시청에서 그 오랜 공직 생활을 하면서 대중교통을 이용하여 출·퇴근한 경험이 거의 없다. 1985년 동해시청이 소재한 천곡동에 살면서 해변에 위치한 어달동에서 근무할 때, 시내버스를 잠깐 동안 이용하였다. 이곳에서 근무는 1년1개월 하였는데 버스를 두 번 타야 했고, 통근 시간이 너무 많이 소요되어 오래가지 않아 자전거를 구입하였으며 그 이후로는 날씨가 최악의 상황이 아니라면 거의 자전거를 이용하였다. 1990년부터 2년 동안 발한동사무소에서 7급으로 재직할 때에도 내 차가 없었으므로 시내버스를 이용했어야 했다. 그러나 운 좋게 방향이 같은 직원을 만나 카풀을 많이 하였다. 퇴근 시간 이후에 소주 한 잔씩 할 때는 택시를 많이 이용하였는데 먼 거리는 아니므로 부담을 느끼지는 않았다. 1992년 3월 이후로는 시청과는 불과 1~2km 정도 떨어진 곳에 아파트를 구한 덕분에 운동 삼아 걸어 다녔다. 20년 정도의 오랫동안 동해시에서 시내버스를 이용한 횟수는 한 달에 한두 번 정도나 될까? 지금부터 가장 가까운 시기에 탄 게 언제인지 기억조차 나지 않는다.

대중교통을 가장 많이 이용한 곳은 서울

생계와 목숨이 걸린 직장에 출·퇴근을 하면서 대중교통을 이용할 일이 거의 없었다. 동해시 관내에서의 업무상 출장 시에는 관용차량과 내 것 또는 동료직원의 차량을 많이 이용하였다. 하지만 관외 출장을 하게 될 경우에는 거의 대중교통을 이용하였다. 2인 이상이 동행하게 될 경우에는 부득이 승용차를 가져갔는데 이때에도 대부분 동료직원이 차를 운행하였다. 운전하는 것을 별로 즐겨하지 않기 때문에 자주 하지 않게 되고 이로 인하여 남보다 운전실력이 떨어지는 탓도 있을 것이다. 더욱이 2000년에 빗길 운전하면서 사고를 내어 가족 3명과 상대방 2명을 다치게 한 경험이 있고, 2004년에는 음주운전으로 면허취소까지 당해본 안 좋은 기억이 있기 때문에 갈수록 운전기피 현상은 더해질 것 같다. 그러나 보통은 늘 동행자에게도 대중교통 이용할 것을 제안하였는데 넓은 좌석 공간, 승용차보다는 훨씬 높은 위치에서 차창 밖으로 보이는 색다른 풍경, 피곤할 경우에는 부담 없이 잠도 잘 수 있었기 때문이다.

개인적으로는 마라톤대회에 참가하면서 대중교통을 가장 많이 이용한다. 서울에서 행사가 많이 개최되고, 지방에서 열리는 대회에 참가할 때도 서울(보통은 동서울)을 거쳐 이동하게 된다. 대부분 시외버스를 이용하는데 고속버스보다 요금이 저렴하기 때문이다. 서울 시내에서는 지하철을 많이 이용하였는데 편하고, 깨끗하고, 자주 다니고, 오고 가는 방향 구분이 쉬운 까닭이다. 가보지 않은 도시가 훨씬 더 많겠지만, 2002년 마라톤을 시작한 이후 전국적으로 유명한 마라톤대회(특히, 풀코스)가 열리는 곳은 많이 찾아다녔다.

직장인에게 출·퇴근 조건은 대단히 중요

출근의 기본전제는 "최소의 시간과 비용으로 업무 시작 전에 근무 장소에 도착하는 것"일 것이다. 반면 퇴근은 "자기가 필요한 시간에 사무실에서 나가 무사히 귀가하는 것"이 아닐까 한다. 취업포털 커리어(www.career.co.kr)가 조사한 바에 따르면 출퇴근 거리로 적당하다고 생각하는 시간은 평균 48분으로 집계됐다. 세부적으로 '30분~1시간 이내'가 55.5%를 차지했으며 '30분 이내' 24.1%, '1시간~1시간 반' 14.6%, '1시간 반~2시간'

5.8%이었다. 타 지역에서 취업할 경우 통근 방법으로는 40.1%가 '기숙사·사택 입주'를 꼽았다. '자취' 32.8%, '현 자택에서 통근' 24.8% 순이었다(2011. 8. 17 경향신문).

직장인에게 출·퇴근이 정말 중요한 것일까? 30년 넘게 직장 생활한 경험에 의하면 대단히 중요하다고 생각한다. 출·퇴근은 근무의 연장 선상에서 논의되는 개념이다. 일정한 근무 장소와 근무시간이 정해진 상황에서 출근은 근무의 필요충분조건인 것이다. 그러하기 때문에 지각, 결근 여부 등을 확인하고 그 횟수를 따져 징계처분을 하는 것이리라. 그러나 퇴근 시간을 지키지 않고 늦게 귀가한다며 심한 질책이나 징계받았다는 얘기를 아직까지 들어본 적 없다.

모두가 공감할만한 적당한 조건은 무엇일까? 시간과 거리의 관점에서 따져 봐야 할 것 같다. 교통 환경과 교통체계는 지리적 여건, 주거 및 생활환경, 인구밀집도 등을 종합적으로 고려하여 구성되는 것으로 생각된다. 또한 걷기, 자전거, 승용차, 대중교통 등 이용하는 교통수단에 따라서 시간과 거리의 판단 기준이 달라질 것이다. 또한 개인의 취향과 시간을 활용하는 방법, 지출되는 교통비용 등을 고려하여 자기에게 맞는 최적의 출·퇴근 방법을 찾아낼 것이다. 따라서 어느 정도의 시간이나 어떤 거리가 적당하다는 것은 순전히 자의적인 판단에 따라 이루어진다고 할 수 있다. 출·퇴근으로부터 자유로운 직장인도 있을 수는 있겠지만 대부분은 그럴 수 없다고 본다. 수도권에서 생활하면서 새로운 일터를 다녀야만 할 이 시점에서 출·퇴근 문제는 눈앞에

닥친 최대의 극복 대상으로 여겨진다.

아무리 강조해도 지나침이 없는 예행연습

오늘 예행연습의 중요성을 또 실감하였다. 만약, 이런 과정 없이 인터넷 자료만 믿고 출근하였다면 첫날부터 지각하였을 것이다. 요즈음 인터넷의 영향력이 얼마나 막강한가? 나 또한 일상생활과 업무를 수행하는 과정에서 인터넷의 도움을 톡톡히 보고 있다. 하지만 오늘 연습 과정에서는 20여 분 정도의 시간이 더 소요되었다. 아내도 만류하였지만, 나도 "굳이 아까운 시간 낭비하며 가보아야만 하는가?" 하는 반신반의의 마음으로 실행하였는데 잘했다는 생각이다. 우리는 처음 해보는 일이거나 중요한 행사를 하게 될 경우에는 "리허설, 예행연습, 도상연습(圖上演習), 사전 답사" 등의 이름으로 본 행사(일)에 앞서 점검하고 미흡한 부분을 찾아 개선 보완하고 있다. 이 과정을 통하여 실수를 줄이고, 완성도를 높이게 되므로 대단히 중요하다고 할 수 있다. 앞으로 도전하고 변화해 나가기 위한 과정에서도 예행연습이라는 과정은 적극 활용해야 하겠음을 다시 인식하게 된다.

12

파견 신청과 근무를 바라보는
여러 시각

12/ 파견 신청과 근무를 바라보는 여러 시각

선택과 결정

누구나 자기만의 개성과 관점에 따라 특정한 이슈와 사물을 바라보고, 판단하고, 선택하며, 결정한다. 따라서 주변 사람들이 자기의 생각과 결정에 어긋나거나 동조하는 상황은 삶을 유지하는 동안 수도 없이 당면하게 된다.

이것은 당사자의 입장과는 전혀 다를 수도 있다. 호의적일 수도 있고, 그렇지 않을 수도 있다. 원인은 평상시에 맺어온 사무적이거나 더 발전하여 인간적인 관계의 깊고 얕음에 따라 달라질 것이다.

내 경험에 의하면 인간관계는 대부분이 상대적이라고 믿는다. 파견근무 신청을 하였을 때 직접적으로 관심을 보여준 사람들은 호의적이지 않았나 생각된다. 보여주지 않아 비호의적이라는 얘기가 아니라 어떤 상황을 두고 판단할 때는 일정한 기준을 만들어야 하기 때문이다. 사람이 세상을 살아가며 맞닥뜨리는 순간순간의 상황이 하루를 만들고, 마지막에는 한 인생을 만든다. 이 과정에서 내가 남을, 남이 나를 얼마나 많이 들여다보면서 판단할 것인가? 다음부터 작은 제목 밑에 가장 짧고 간결하게 표현하려고 애를 썼다. 왜냐하면 벌써 이곳저곳에서 언뜻언뜻 거론한 내용들이기 때문이다.

제정신이냐?

가장 많이 들은 얘기다. 동해시에서 공무원 생활을 시작하여 30년 넘게 한 발자국도 밖으로 나가보지 않은 놈이 이 늦은 나이에 왜 그런 고생을 사서 하느냐? 하는 얘기다.

아주 떠나는 것은 아니지만 큰 문제 없이 평온하게 지내오던 곳을 느닷없이 떠난다고 하니 당연한 반응이다 싶다. 스스로 생각하기에도 돌발적이고 무리하다 싶었는데 주위에서 바라보는 시각은 더했던 것 같다. 정신과 진찰을 받아보지는 않았지만 아직까지는 분명히 제정신이라고 생각한다.

환경적으로도 많은 문제가 있고 스트레스가 가장 많은 40대를 지나 50대로 진입하였으니 어쩌면 정신에 이상이 있을 수도 있겠구나 싶다. 정신 나간 놈에게 혼날 수도 있으니 모두 조심하시라. 하지만 지금까지 그래 왔듯이 평범한 보통 사람들의 수준으로 생각하고 행동하기 위하여 노력할 것이다.

가정에 무슨 문제 있나?

사람 사귀기를 좋아하고, 매개체로서 술 마시는 것을 즐긴다.
또한 인간관계가 맺어지면 유지, 발전시킨다는 명분 아래 자주
만나고 음주를 한다. 결코 바람직스러운 것은 아닌데 우리 부부
는 부부싸움을 즐기는(?) 편에 속한다. 나이가 비슷한 까닭인지
서로 지려고 하지 않는다. 아내 탓이 아니고 여자한테 지지 않
으려고 하는 내 잘못 이 더 크다 하겠다.

아마도 술을 좋아하므로 가끔은 실수도 하고, 씀씀이도 헤프
며, 갈등도 유발시키기 때문일 것이다. 게다가 몇 년 사이에 주
식투자를 잘못하여 막대한 손실을 입었으며, 경제적으로 큰 어
려움을 겪고 있으므로 가정에 큰 문제가 있는 게 맞는 말이다.
별거나 이혼 같은 것을 염두에 두고 판단한 것으로 보이는데 그
것은 결코 아니다. 별문제 없이 평온하고 행복한 가정이 얼마나
있을까? 지금 이 순간에도 나와 우리 가족 모두는 보다 더 나은
상황, 최선의 상태를 소망하며 생활하고 있다.

인사 불만 때문 아닌가? 5급 승진이 우선 아닌가?

파견근무를 신청하게 된 결정적 원인은 결코 아니라고 말할
수 있다. 인사에 아무런 불만 없이 만족스럽다는 얘기는 아니다.
같이 6급으로 승진한 친구가 지난해 7월 사무관으로 먼저 승진
하였다. 올해 1월에는 나보다 늦게 승진한 친구와 동료 몇 명에
게마저 추월을 허용했다.

이런 사정을 어느 정도 알고 있기에 보인 반응인 듯싶다. 나

보다 먼저 중요한 곳(자의적이지만)으로 자리를 옮기거나 승진하였다면 충분히 그만한 이유가 있는 것이고 받아들일 수밖에 없는 일이다.

불만을 표시한다고 하여 뒤바뀌는 것도 아니고 이미 벌어진 일, 지나간 일이 아닌가? 그런데 마음 쓿고, 시간 낭비하고, 과도한 스트레스 받을 정도로 옹졸하거나 한심한 놈은 되지 않기 위하여 생각하고 행동해 왔다. 얼마 전에 받아본 승진서열 순위가 1 자릿수이므로 내 마음대로 되는 것은 아니지만 1~2년 내 승진할 가능성이 많다.

파견근무 가게 되면 아무래도 근무성적평정에서 손해 볼 가능성이 매우 높은데 인사 불만을 이유로 무모한 시도를 할 필요는 없는 것이다. 눈앞에 와 있는 사무관 승진을 1~2년 뒤로 미루더라도 충분히 가치 있는 선택이라고 보았기 때문이다.

또 대형사고 쳤다

맞다. 대형사고에 속한다고 할 수 있다. 내 개인적인 차원은 물론, 부부로서나 가정적으로 볼 때도 분명 쉽지 않은 결정이었다. 그런데 "또"라는 수식어는 왜 붙인 것일까? 그동안 여러 번 사고를 친 경험이 있기 때문이다. 생각해보니 동해시청 직원으로서 남과 비교해 볼 때 특별하다고 보이는 게 몇 가지 있기는 하다.

동사무소 민원 창구에서 아내에게 프러포즈, 빠른 결혼과 부모 되기, 대형 교통사고 당하고도 전혀 상처입지 않은 것, 팔씨

름하다 팔 부러진 것, 홍수에 휩쓸려가다 구조된 것, 올 로케이션에 가까운 영화 촬영지원, 50회에 가까운 마라톤 풀코스 완주, 내 책 5권 출판 등을 꼽을 수 있겠다. 한시적이긴 하지만, 지금까지 살아오던 직장과 사회생활이 기본 틀을 전면적으로 바꾸는 것이므로 큰 사고가 맞다.

우연하거나 돌발적이 아니며 내 생각과 의지의 결과물이라는 차이가 있을 뿐이다. 아마도 많은 사람들이 이 사고의 끝이 어떨지 관심가지고 지켜볼 것이다. 과연 어떻게 될 것인가?

그 나이에 아내와 헤어져 서울에서 자취생활 한다고?

30년 넘게 동해에서 살면서 아내가 해 준 밥만 먹던 놈이 어떻게 서울에 가서 혼자 생활하며 살아간다는 말인지 믿어지지 않는다는 얘기로 들린다. 그나마 파견근무가 확정된 이후의 문제이므로 '파견 가는 것은 가능하다'는 긍정적인 의미가 전제되었으므로 다행스럽다.

하지만 놀라지 마시라. 부모님을 잘 만나(어머니는 중2 때, 아버지는 1981년 4월에 돌아가심) 결혼 전에도 자취생활 한 경험이 있지만, 결혼한 이후 가사 일을 상당히 많이 도왔다는 사실이다. 밥 짓기, 설거지하기, 손빨래하기, 방 청소하기, 간단한 반찬 만들기 등 50%에는 미치지 못하더라도 대부분의 가사활동을 아내와 분담하여 해왔다. 아직까지도 혼자서 여러 종류의 김치 담그기나 세탁기 이용하기 등을 해본 적은 없다. 이것마저 내게 알려주면 아내만의 차별화된 기술(?)이 없어지므로 집요한 요청에도 불구하고 가르쳐 주지 않은 것이다. 그러나 세탁기는 문명의 이기(利器)이므로 잠깐이면 사용법을 익힐 수 있고, 혼자 먹는 김치 정도는 사 먹으면 될 일이다.

혼자서 어렵지 않게 자취 생활할 수 있는 노하우를 평상시 충분히 갈고 닦았는데 이번 기회에 확실하게 사용할 수 있는 기회를 잡았다고나 할까?

어떻게 그런 생각을

2012년 4월 2일 자로 졸저(拙著)인 에세이집 "나는 9급 공무원이다"가 출판되었다. 2011년 9월에 9급 신규공무원이 발령받은 것을 보고 공무원 제도에 맞춰 내 30년간의 공직 생활을 되돌아보며 3개월간 쓴 글이다. 앞으로 10년밖에 남지 않은 시점에서 중간 점검이 너무 늦었지만, 지금 생각해보면 그래도 잘했다는 생각이다. 글을 쓰며 공직자로서는 물론이지만 가장(家長)과 남편 및 부모로서 그리고 사회의 여러 구성원으로서 내 위치를 가늠해 볼 수 있었다. 보람 있는 일도 있었지만, 떠오르는 낱말은 "후회, 안일, 정체, 나태" 등 상대적으로 부정적인 표현들이다. 원고를 끝낸 후 "이래서는 안 되겠다.

뭔가 변화의 돌파구를 찾아야만 한다"라는 막연한 심정으로 갈등하며 답을 찾고 있을 때 중앙부처 파견근무라는 희망적인 새 소식과 만나게 된 것이다. 시기와 갈구하던 내용이 맞아떨어진 것이다.

아마도 3개월 동안 나를 되돌아보면서 실마리를 잡게 되었지만, 마음속 깊은 곳에서는 늘 갈구(渴求)하지 않았을까를 생각하게 된다. '어떤 잠재된 의식도 전혀 없었다면, 이 어려운 결정을 그 짧은 순간에 할 수 있었을까?'에 대한 마땅한 대답이 없다. 지금까지 살아오면서 해보고 싶은 일들이 숱하게 많았다.

하지만 대부분은 시간, 경제력, 가족, 사회적인 인간관계 등 수많은 여건과 상황으로 인하여 애초에 포기해 버리거나 시도해보다 단념하고 말았다. 포기하고 단념해버린 그것들 속에서 죽지 않고 끈질기게 생명력을 유지하고 있었기에 가능했을 것이라 추론해 본다.

실천할 수 있다는 것이 부럽다

내 결정에 대하여 부럽다는 표현을 여러 사람으로부터 들었다. 나중에 친구로부터 직원 한 명이 나와 경쟁 관계에 있었다는 얘기를 들을 기회가 있었다. 강원도 차원에서 공모하였는지는 알아보지 않았으나 동해시에서는 희망자가 많지 않았다는 결론이다. 이런 정황으로 보았을 때 파견근무를 썩 좋아하며 서로 가려고 덤벼드는 그런 기회는 아니었던 것 같다. 그 이유는 위에서 언급되었던 내 경우의 사례가 다른 사람들에게도 비슷하게 적용될 것으로 보아도 되지 않을까 싶다.

선택하고 결정함에 있어 내가 상대적으로 쉬웠던 점도 여러 가지가 있다. 부모님이 모두 일찍 돌아가셨기 때문에 어른 모실 일이 없는 점, 큰딸은 취업했고 아들은 외지에서 대학교 3학년에 재학 중인 점, 아내와는 30년 넘도록 오래 살아 이제는 제발 좀 떨어져 지냈으면 할 정도라는 점, 내가 어려서부터 산전・수전・공중전(山戰・水戰・空中戰)을 넘어 우주전(宇宙戰)을 치러도 될 만큼 잘 적응한다는 점 등인데 이게 한편으로는 장점이라고 할 수 있지만, 아픈 점도 된다.

파견근무 무사히 마치고, 목표한 대로 이루기를

여러 반응을 살펴보니 긍정적・부정적인 것이 있다. 마지막에 가서는 하나같이 파견근무 잘 마치며, 마음먹고 간 소기의 목표를 이루라는 격려와 응원의 얘기다. 나 하나 빠진다고 해서 달라질 것 하나도 없지만 관심가지고 소중한 의견을 표시해주는 것이 매우 고맙다. 그런데 여기에 보태어 여러 사람으로부터 공통적으로 가장 많이 들은 얘기는 "동해시에서처럼 술 너무 자주 많이 마시지 말고, 마시더라도 안주는 반드시 챙겨 먹어라" "마라톤 너무 무리하게 하지 마라" "먹는 게 너무 부실한데 끼니 거르지 말고 제발 고기 좀 먹어라" "지경부에서는 상사들하고 의견 충돌 하지 마라" 등이다.

하나 같이 들어 마땅한 옳은 얘기다. 전적으로 개인적인 일은 내 책임 아래 스스로 해결해야만 할 일이다. 하지만 지식경제부의 조직이나 구성원들과 관계되는 일에 있어서는 꿈도 꾸지 못할, 가당치도 않은 일들이다. 동해시에서야 내 텃밭이나 다름없으니 믿는 구석도 있고, 어느 정도 자신 있으니 가능했을 일이다.

최고・최선의 목표는 당연히 파견근무를 무사하게 잘 마치는 것이다. 다른 것들은 중앙부처에서 근무하고 서울과 수도권에서 생활하면서 보고, 듣고, 배우는 과정에서 부차적으로 얻어내고자 하는 것들임은 두말의 여지가 없다.

13

지식경제부
파견근무를 가면서

13 / 지식경제부 파견근무를 가면서

2월 20일 파견근무가 확정되었다는 연락을 받았다. 아직 발령은 나지 않은 상태이지만 금방 소문을 통하여 직원들이 알게 될 것이 확실하므로 먼저 게시판에 올리고, 세무과 직원과 물방울 봉사단 회원, 그리고 아침 유머 편지 수신자들에게는 편지를 써서 파견인사를 하였다. 왜 파견근무를 신청하였는지 여러 직원으로부터 똑같은 질문을 수도 없이 받게 될 것을 예상하고, 억측이나 유언비어(?) 등을 예방하기 위하여 모범답안을 만들어 선수(先手) 친 것이다. 또한 2년간이라는 결코 짧지 않은 동안 동해시를 떠나가면서 그동안의 고마운 정에 대하여 감사하고, 내가 잘못하였거나 서운하게 했던 부분에 대해서는 잘못을 비는 게 당연하다고 여겨졌기 때문이다.

전 직원 여러분께(게시판에 올린 글)

안녕하세요.

앞으로 같이 일하게 될 날도 며칠 남지 않았고, 조만간 알게 되실 것이기 때문에 미리 인사드립니다.

2. 16 게시판에 지식경제부 파견 희망공무원 신청하라는 내용이 있었죠. 제가 신청하였고, 어제 지역특화발전특구기획단 파견근무가 확정되었다는 연락받았습니다. 3월 2일부터 파견근무하게 되며, 파견기간은 2년이라고 합니다. 저로서도 쉽지 않은 선택이었고 대단히 어려운 결정이었습니다. 물론, 아내 및 가족들의 의견도 들었습니다.

1. 운이 좋고, 이르면 내년 안에는 사무관 승진(승진후보자명부 순위상)도 될 텐데 파견 가면 과연 어떻게 될 것인가?
2. 51세에 너무 무모한 도전은 아닌가?
3. 31년째 동해시에서만 근무한 놈이 파견이지만 과연 중앙부처에서 처음 접하는 업무를 처리하며 버텨낼 수 있을까?
4. 수도권(정부과천청사) 생활은 처음인데 아내와 떨어져 혼자 낯설고 물설은 곳에서 과연 원만하게 생활할 수 있을 것인가?
5. 집(방), 식사, 교통편, 낯선 사람들과의 새로운 만남은 어떻게?
6. 물방울봉사단을 비롯하여 지금 가입하고 있는 여러 모임은 어떻게?
7. 3명으로 시작하여 200여 명이 보게 된 13년간의 아침 유머는 ?

등등 수많은 생각들을 몇 시간 동안 하였습니다.

하지만 '남은 10년간도 변화 없이 계속 동해시에서만 근무하는 것은 바람직한 일이 아니다'라는 결론을 내리고 신청하게 되었습니다. 지난 9월부터 12월까지 저의 30년 공무원 인생을 되돌아보는 원고를 쓰면서 많은 생각을 하였습니다. 이 책은 『나는 9급 공무원이다』라는 책으로 계약되어 이르면 3월 중에 출간될 것입니다. 혹시 여유 되시면 나중에 한 권 구입해보시기 바랍니다. 9급 공무원에 대한 새로운 공부 많이 했거든요. 막상 신청하고 나서도 지난 금요일 저녁부터 주말까지 심각하게 고민하였습니다.

그동안 여러 동료 직원 및 선후배, 그리고 윗분들과 수많은 인간관계를 맺고 일하는 과정에서 갈등도 없지는 않았습니다만, 저로서도 능력껏 최선을 다해 일했다고 자부합니다. 실수도 없지는 않았지만 성과를 낸 것이 훨씬 더 많았습니다. 그동안 일하는 과정에서 본의든 아니든 마음 상하게 하고, 불편하게 하고, 피해를 드린 점 등은 진심으로 사과드리겠습니다. 또한 크게 관심 가지고 일 잘하고, 생활할 수 있도록 도와주신 점 대단히 고맙게 생각합니다.

파견근무기간 동안 어떤 일을 하게 될지 알 수 없습니다만, 열심히 일하겠습니다. 시 발전에 도움이 되고, 동해시 공무원 쓸 만하다는 얘기 듣도록 하겠습니다. 또한 할 수만 있다면 저의 또 다른 발전을 위해서도 노력할 계획입니다. 신청하고 나서는 물론, 확정된 이후에도 수많은 생각들로 잠을 제대로 이루지 못합니다. 하지만 신청하였을 때의 갈등과 결정을 다시 생각하면서 계속 마음을 다짐해 봅니다. 과연 결과가 어떻게 될지 저도 염려스럽지만 궁금하기도 합니다. 빠르면 2년 뒤에, 아니면 그 이전(?)이나 그 후(?)에 다시 뵙도록 하겠습니다.

그동안 대단히 고마웠습니다.

늘 건강하고 행복하게 보내시기 바랍니다.

세무과 직원 여러분께

늘 대단히 수고 많으시고~그동안 대단히 고마웠습니다.

언제 발령이 나서 이곳을 떠나고 새로운 곳에서 일할 준비로 이것저것 순서 없이 생각나는 대로 하다 보니 어떻게 될지 몰라 머리도 잠시 식힐 겸 미리 작별인사를 드리겠습니다.

이제 세무과로 온 지 7개월 10일 만에 자리를 옮기게 됩니다. 이번 발령은 6급으로서 17번째, 전체적으로는 24번째가 됩니다. 30년 8개월 동안 정말 많이 옮겨 다녔죠. 거의 한 곳에만 계시는 세우회원님들께 대단히 죄송한 마음 가지게 됩니다. 지금까지는 제 뜻과는 전혀 상관없이 움직였으나 이번에는 제가 원해서 가게 된다는 점이 조금은 색다르고, 마음에 더 큰 부담을 느낍니다.

아직까지도 세무업무 전혀 모릅니다. 너무 어려워 배울 생각도 미처 하지 못했고, 전문가 앞에서 까불다가 혼나면 안 되지요. 수많은 전자와 종이문서를 받아보았는데 직원분들을 믿고 거의 원안대로 결재하였습니다. 다만, 계획 등 지휘부의 방침과 결정이 필요한 내용은 비교적 꼼꼼하게 본 것 같은데 분량은 크게 많은 것 같지 않습니다. 내용을 잘 알지도 못하기 때문에 여러 번 묻고 수정하는 과정을 거쳤습니다만, 심려를 끼쳐 드린 점 대단히 죄송합니다.

제가 일할 맛 나는 직장 분위기 조성, 세원 발굴 대책, 자진납세의식 고취 및 세수증대계획에 따른 리플릿과 책자 제작, 사이버 연찬회 등 몇 가지 일을 벌였죠. 오죽하면 내용도 모르는 놈이 세무 전문가분들의 미움(?)을 받아가며 하였겠습니까? 수도 없이 내려오는 체납액 징수 철저, 세원 발굴, 경영수익사업 발굴 등 지휘부의 지시사항에 뭔가 하는 모습을 보여줘야 한다고 생각했기 때문입니다. 전들 왜 가만히 있으면서 편하게 근무하고 싶은 생각 없었겠습니까? 좋은 뜻으로 이해하여 주시면 고맙겠습니다.

그나마 다행스러운 것은 제가 저질러 놓은 일 중 하나는 깨끗하게 마무리되어 조금은 홀가분합니다. 기획부터 자료수집 및 배부까지 4개월 정도 걸렸습니다. 물론, 여러분께서 큰 도움을 주셨고 그 덕분에 깨끗하게 끝났다고 생각합니다. 이 과정에서 세무과의 업무를 어느 정도는 알게 된 것을 매우 다행스럽게 생각합니다. 2013년에도 계속 이어질지는 세우회원님들의 몫이겠지요.

의도하지는 않았지만 근무하는 과정에서 감정 대립이 몇 번 정도는 있었던 것 같습니다. 일 잘해보려다 벌어진 일이므로 너그럽게 이해하시고 깨끗이 잊어주시면 대단히 고맙겠습니다. 저도 진즉 기억에서 지웠습니다만, 떠나는 마당에 작별인사를 하게 되니 제 잘못이 생각나서 말씀드리는 것입니다. 저는 십수 년 만에 함께 했던 선진지 견학, 화기애애했던 몇 차례의 과 회식, 여러 직원들과의 소주 모임 등 좋은 일들만 기억하도록 하겠습니다.

쓸데없는 일 벌여 신경 쓰이게 하던 놈 이제 사라지니 시원하시겠습니다. 제가 떠나면서 마지막으로 드리는 너무 큰 즐거움 아닌가요?

그동안 대단히 고마웠습니다.

늘 건강하고 행복하게 보내시기 바랍니다.

물방울봉사단 회원님들께

안녕하세요.

정말 대단히 고맙습니다.

무슨 송별식은요? 저는 파견근무이거든요. 아주 가는 것 아닙니다. 오해하지 마시기 바랍니다. 물방울봉사단, 시청 마라톤클럽, 동해시육상연맹 등 제가 지금 속해 있는 모임, 참석은 하지 못하지만 회원으로 계속 남으렵니다. 뺀다면 할 수 없죠. 해서 권순정 총무님께 일벌이지 마시라고 말씀드렸는데~ 여기까지 왔네요. 미흡한 제가 회장직을 1년 반 정도 맡아 왔는데 그동안 눈물겹도록 대단히 고마웠습니다. 여러 모임 만들고 가입해서 활동했습니다만, 물방울봉사단의 일원이 된 것 정말 최고, 최선의 선택이었다고 생각합니다. 우리 회원님 모두 그런 생각 아닌가요? 아니면 할 수 없고요.

2년간의 파견 기간입니다. 그쪽 일에 충실해야 되겠죠. 이 나이에 젊은 사무관 밑에서 새로 일 배우자면 쉽지 않을 것입니다. 하지만 공무원 처음 들어올 때, 물방울봉사단 처음 시작할 때의 마음으로 해보렵니다. 그동안 정말 고마웠습니다. 마음으로, 몸으로 도와주신 것 결코 잊지 않겠습니다. 지식경제부에서도 봉사단체 있으면 가입해서 활동해보렵니다. 일이 이렇게 되었으니 2기의 새로운 임원진 선출되어 더욱 빛나는 봉사단이 되기를 진심으로 기원합니다.

그동안 정말 고마웠습니다. 늘 즐겁고, 건강하고 행복하게 보내시기 바랍니다.

14

아주 고마운
응원과 격려의 글

14/ 아주 고마운 응원과 격려의 글

앞의 글 「지식경제부로 파견근무를 가면서」 인사말과 연결되는 부분이다. 게시판에 올린 글과 편지를 받아 본 직원들로부터 받은 응원과 격려의 글 모음이다. 스물아홉 분의 직원이 글을 보내왔다. 말이나 전화 문자 메시지로 관심과 애정을 보여준 분도 있지만, 각색하여 기록으로 남길 수는 없으므로 메일로 받은 글만 편집한 것이다. 띄어쓰기나 맞춤법 등이 틀린 것도 더러 보이는 데 몰라서 그런 것은 전혀 아니라고 믿는다. 원문의 의미를 살리기 위하여 문맥이나 단어도 손대지 않고 그대로 사용하였음을 밝힌다. 또한 받은 내용은 빠트리지 않으려고 애는 썼는데 만에 하나 내 부주의로 놓친 것이 있을 수 있다. 본의 아니게 빠진 게 있다면 양해하여 주시기 바라며, 모든 분들께 진심으로 감사드린다.

월초 오랜만에 세정팀에 합류할 때 그나마 탁월하신 양계장님이 계셔서 함께 힘을 합쳐 세무과의 변화를 주어야겠다는 다짐과 각오로 지나온 시간이었습니다. 짧은 기간 지금껏 추진하지 않았던, 아니 발상의 엄두도 내지 못하던 여러 가지 일들을 추진하였는데 이런 일들을 앞으로 어떻게……

31년의 성상의 회한도 없지 않은 것 같아 옆에 있는 저로서도 마음이 우울하기도 합니다. 믿습니다. 그리고 지금보다는 더욱더 자기발전은 물론, 더 큰 이상을 펼칠 수 있으리라 확신합니다. 그간의 다양한 공직경험과, 새로운 것에 머뭇거림 없이 도전해오면서 반드시 결과물을 크게 이루어 냈듯이 거침없이 지금보다는 더 크게 소원하는 모든 것을 이루시길 바랍니다.

가정을 이루면서 아내와 성장한 자녀들께서 가장의 결정에 동의는 하면서도 마음 한켠에는 공직에 대한 섭섭함과 또한 집안의 대들보에 대한 확고한 신념의 격려가 함께하였으리라 생각합니다. 친구로서 바라옵건대, 우리 나이도 50을 넘었습니다. 지난 50년의 세월보다는 앞으로의 시간은 순식간에 스쳐 가리라 생각됩니다. 출향 객지에서 연륜으로 버텨낸다지만 그리 녹록하지는 않을 듯싶습니다. 건강이 최고이며, 몸에 도배종이를 몇 겹 더 씌우는 시간으로 여기며 건강관리에 최선을 다하길 바랍니다.

간혹 주말(휴일) 귀향하거든 한잔의 여유를 즐기면서 그간의

무용담과 50대의 연륜을 아름답게 살찌우는 덕담의 시간을 갖
도록 합시다. 오늘 점심은 마침 강성운 씨가 본청에 들어올 일
있다 하여 같이 하기로 하였습니다. 같이 함께 하시죠. 내내 좋
은 생각, 무한 질주의 희망을 가집시다.

-전병업-

계장님~~

동트는 아침을 잠시 멀리하고 떠나시는군요. 넘 놀랐어요. 한
편 부럽기도 하답니다. 자신감이랄까 용기랄까.

계장님 정말 멋집니다. 우린 감히 생각할 수 없죠.

암튼 계장님의 꿈과 희망이 있기에 잠시 머무르려는 마음 꼭
이루고자 했던 것들 남은 시간에 함 도전에 보시는 것도 좋을
듯,,,, 가족이 같이 못 하지만 항상 건강관리 잘 하시구. 아침편
지에 늘 상쾌했던 기분 이젠 의지할 곳이 없어졌네요. 다시 오
실 때까지 건강하게 좋은 모습으로 만나요.

혹 얼굴 못 보더라도 조심히 다녀오세요.

-김명애-

계장님! 안녕하세요^^

안 그래도 어제 계장님 파견 소식은 들었어요... 기간이 1년쯤
이라 생각했었는데,, 2년이었군요... 지금 생각하면 2년이 무지
긴 것 같지만, 기나긴 남은 생활을 생각하면 그리 긴 기간만은
아닌 것 같아요... 저도 일본 연수 다녀온 적이 있지만, 막상 끝나

고 나면 오히려 짧았다는 아쉬움이 더 크더라구요... 공무원 생
활에서 2년이라는 새로운 환경이 낯설고 어렵겠지만, 훗날 지나
간 시간을 돌이켜 볼 때는 그만큼 배우고 느낀 점이 많아, 인생
에는 남는 점이 더 많을 것 같아요..

그래도 역시 새로운 도전을 하기란 쉽지 않을 일이겠죠. 남들
이 못하는 그 용기에 박수를 보내드리며, 마음속으로 응원해 드
리고 싶습니다. 항상 노력하고, 모범이 되는 모습에 늘~ 흐뭇합
니다. 건강히 잘 다녀오세요^^ 아직 며칠은 남았지만, 저도 미
리 인사드립니다.
그 아침마다 받는 유머 편지가 없어서 좀 아쉽긴 하겠네요^^

-강경희-

그동안 좋은 글, 유머, 달리기체험 등등 유익한 정보와 자료
들~~ 고마웠습니다. 항상 새롭게 도전하는 모습이 부럽습니다.
공사 간에 늘 열정적으로 생활해 오셨듯이 지경부에 가서서도
건승하길 바랍니다.

-심재희-

어려운 결정 했네 친구. 2년이란 세월 길다면 길겠지만 한편
으론 새로운 세상을 접해 본다는 용기 참으로 탄복하네. 난 그
런 용기가 없어서. 잘 다녀오시게

-정찬교-

우리 동해시의 명품 계장님!!

누구에게나 사랑받고 계시면서 하고자 하는 일에 대한 그 끈기와 성실함은 늘 존경스러웠지요. 어려운 결단 축하드리고요. 새로운 인생 국면은 틀림없이 우리 양계장님께는 삶의 큰 기폭제가 되리라 생각합니다.

심신 양면의 발전 있으시길 기원드립니다...

-김정미-

계장님 매일 아침편지를 열면서 하루를 시작했는데 넘 아쉬워요. 마라톤으로 계장님과의 인연을 맺었는데, 늘 열심히 하시는 모습 부러웠습니다. 지금의 또 다른 도전에 존경합니다. 멀리 계셔도 맘은 늘 동해에 계실 계장님 뭐니 뭐니 해도 건강이 최고입니다. 계장님 새로운 도전에 다시 한 번 존경하옵고 멋있습니다. ~홧팅~

-윤경리-

계장님 서운하네요. 암튼 멋진 분이시네요. 2년 동안 멀리 떨어져 있어도 동해시와 개인적으로 승승 발전하기를 기원합니다. 송별모임도 해야겠습니다.

송별회 하다가 쓰러지지 마시고 더욱 건강하시기를.........

-박태옥-

그동안의 감사를 편지로 할려니............. 좋아하시는 소주도 한잔 못하고 기회 되면 함께하고 싶습니다. 항상 건강한 모습으로 뵙기를 기원드리겠습니다. 멀리서도 아침유머가 날아오기를

-이동광-

먼저 파견근무 축하드립니다. 어느 분께서 파견되시는가 하고 나름 궁금했었는데.. 정말 축하드립니다.. 그동안 아침유머 잘 보았습니다.. 은근히 기대되는 유머도 상당히 있었거든요.. 건강 조심하시구요.. 더 멋있는 분으로 돌아오세요..
　나 자신과 동해시를 위하여 홧팅해주세요!!!

-류정희-

자신의 현실에 안주하지 않고 새로운 도전을 하시는 용기에 박수를 보냅니다. 뜻하시는바 모두 이루시고 건강하고 행복한 근무가 되시길 진심으로 기원합니다.

-최성규-

계장님 잘 다녀오십시오. 워낙 업무에 밝으시고 열심히 하시는 분이라 잘하셔서 동해시 공무원의 우수성을 널리 알려주시리라 믿습니다. 약주 조금 드시고 낯선 환경에서 주눅들지 마시고 잘 다녀오시기 바랍니다. 아주 안 오시는 건 아니죠.^ ^

-이기선-

안녕하세요? 어제 계장님께서 지식경제부 파견근무 확정되

었다는 소식 들었습니다. 속으로 "대단한 결정하셨다"라고 생각
했는데, 도전하는 아름다운 정신을 보여주신 것으로...^ ^ 쉽지
않은 결정하신 만큼 좋은 모습 보여주실 거라고 믿습니다. 멀리
서 응원하겠습니다. 계장님!! 홧팅!!!!!

-조용자-

늘 수고하시더니 또 다른 도전을 하셨군요. 정말 쉽지 않은
결정 하지만 긍정적인 생각과 행동으로 잘 해내시리라 믿습니
다. 큰 성과 그리고 보람 있는 결정이었다는 스스로의 확신 가
지고 다시 뵙기를 고대합니다. 그동안 동해시 발전에 많은 기여
있었지만 중앙부처에서의 동해시 지원을 기대하면서 과천 갈
기회 있으면 사전 연락 후 소주 한잔합시다.

-김종문-

계장님 정말 공무원봉사단을 조직해서 계장님의 힘으로 여기
까지 오게 되었는데요. 차기 회장님은 물색해 놓고 회원이 되셔
야 되지 않을까요? 참고로 제 생각에는 지금까지 열심히 해오신
유상포 님을 회장으로 총무님은 힘드시겠지만 그대로 하는 것
으로 회의 때 밀고 나가시면 어떨까요? 제가 처음 공무원봉사단
을 조직하면서 넘 힘들었는데 모두 마음 따뜻한 사람들 만난 덕
분에 쉽게 여기까지 온 것 같아요 항상 고마운 맘 있습니다.....

-김선옥-

좀 섭섭하네요! 늘 유쾌한 글로 회원들을 매일 관리하시기란 쉽지 않거든요! 그동안 봉사단 일로 고생하시고, 수고 많으셨습니다! 가시는 곳에서 그곳을 빛내주시는 분되세요! *^ ^*

-김화숙-

먼저 축하한다라고 말하고 싶네요^^ 항상 무언가에 도전하고 있는 계장님의 도전정신과 끝없는 노력에 경의를 표하고, 매일 아침 접하는 아침문안에서 항상 느껴왔던 교감과 인연의 끈이 한동안 어렵지 않을까 생각되어 너무도 아쉬워요.

모쪼록 항상 건강에 유의하시고 뜻하는 모든 일 이루시길 기원하겠습니다.

-이정희-

매일 받아보던 계장님 아침유머를 보면서도 답장 한 번 없었습니다. 새로운 도전을 위한 어려운 결정.... 어려운 결정이었던 만큼 중앙부처에 가셔도 잘하시리라 믿어 의심치 않습니다. 무엇보다 건강이 최고라는 건 계장님도 잘 아시리라 생각되고 자기관리가 철저하셔서 생활도 잘하실 거라 생각됩니다. 하여간 2년 후에 건강한 모습으로 다시 뵙기를 기원합니다. (__)

-권수진-

계장님~~

파견근무 편지를 받고 몇 번이나 편지를 써야 될 것 같은데 문득 무슨 말을 써야 할지 몰라 망설이고 망설이다 오늘은 용기를 내어봅니다. 제가 보는 아침편지에 적힌 글을 보고 용기를 내기로 한 거지요.. 아마 불현듯 어느 날 생각하고 생각하셔서 결정하셨겠지만 많이 섭섭하고 또 섭섭한 마음이.... 동해시에 남은 지인들의 몫이겠지요! 어딜 가시거나 잘하실 거라 믿어요.. 계장님~~ 보다 나은 내일을 위해 노력하는 계장님에게 항상 행복과 좋은 일만 가득 있길 기도할게요.. 건강하세요~~

-박미라-

계장님 짧은 시간이지만 정말 좋은 인연을 만들었습니다. 항상 술이 들어가야지만 오빠라고 하지만 마음속은 항상 영원한 오빠입니다. 물론 저가 아니더라도 많은 사람들이 응원하겠지만 저 역시 계장님을 응원하겠습니다. 파이팅하시구요~~~상조회 회비 자동이체 해지해주세요. 계장님은 선입금 해주시기 때문에 내일까지 꼭 해지해주세요~

-박정희-

눈이 제법 많이 왔습니다. 과천 가시는데 별 지장은 없을 것 같고요. 아마 양계장님께서 컴퓨터를 켜면 제 편지가 도착해 있겠지요? 오늘은 양계장님의 유모 편지가 답장이 되는 셈이지요. 마지막은 아니지만 항상 제가 유모 편지를 답장으로 받고 싶은 생각을 많이 했었거든요. 주말에도 스케줄이 많아 폭음을 했을 것이고요. 아무튼 마지막 음주가 건강을 해치지 않는 문화로 정착되길 기대합니다. 가시는 길 사뿐 사뿐 영안히 걸어가소서. 다시 만날 때는 건강하고 조금은 변한 모습(?)으로 활짝 웃으며 만날 수 있으리라 확신합니다. 건강이 최고라고 합니다. 반드시 건강을 챙기신 후 일은 그다음 순서에 의거하여 열심히 진행하는 모습을 보여 주시길…… 안녕히 다녀오십시오.

-대주민생활지원과 이강운 올림-

마무리 멋지게 하시고 마음 단단히 먹고 상경하세요. 그동안 좋았던 추억만을 간직하시고 모든 것을 훌훌 털어 버리시고 홀가분하게 시작하세요. 있어서 즐거웠고 많은 도움이 되었건만 약간 멀리 있으면 더 많은 도움이 될 것 같습니다.

훌륭한 고등학교 졸업하신 것을 상기하면서 멋진 인생을 설계하는 계기가 되었으면 합니다. 늘 건강하시고, 행복하십시오.

-이강운-

계장님 가셔도 건강하게 지내시다.. 다시 뵙겠습니다. 전자결제는 지경부에서 열어준다면 문제없을 듯합니다. 거기 아래아한글 버전이 2010일 경우 안 됩니다.

항상 웃음을 주셔서 감사드립니다.…

-이강훈-

안녕하세요, 계장님. 이제 새로운 근무지에서 2년간의 생활을 시작하시네요.

정말 용기 있는 결정이시라고 생각합니다. 저도 조금 더 어린 나이에 동해가 아닌 다른 곳에서 일하는 것을 꿈꾸곤 합니다. 그게 쉽지 않아 포기하고 현실에 매여 있습니다. 언젠가 저도 새로운 기회가 생긴다면 도전해 볼 수 있도록 용기를 내봐야 할 것 같습니다. 지식정보담당으로 계실 적에 업무에 서툰 저를 많이 가르쳐 주시고 도와주셨는데 정말 감사했습니다. 새로운 곳에서도 계장님 늘 건강하시고 앞으로 좋은 일들만 있으시길 바라겠습니다! 계장님 곧 나올 신간 꼭 사서 읽을게요! ^^

-김영미-

처음으로 아침 유머 답장을 보내는 것 같습니다. 아침에 출근해서 맛깔스러운 유머로 시작해서 좋았습니다... 원격시스템이 가능하길 기대하면서.... 지경부에서도 항상 멋지고, 운동(달리기) 열심히 하시고... 건강하시길 기원해 봅니다.. 그럼.... 우리 시의 명예를 드높이시길 바라면서 몸 성히 잘 다녀오시길 바랍니다...

-김형대-

양원희 계장!

무지 아쉽네. 오늘이 마지막이라고 했는데 마지막은 죽어야 마지막이라고 하던데. 그것도 우리나라에서만. 그간 짧은 만남이었지만 인연이라 생각하고 살다 보면 또 만날지도 모르지. 항상 건강하구. 지금처럼 열심히 살다 보면 꼭 좋은 날이 올 거라 믿어.

인생은 정해진 것이 아니고 스스로 만들어가는 것이라는 거 알지.

그리고 후회하지 말고, 남 탓하지 말고, 자주 연락하자구. 그간 고마웠어.

안녕!!!!

-박승남-

한 토막 유머로 아침을 열어 주시던 계장님께서 떠나신다는 소식 접하고 많이 놀라웠습니다. 동해시에서 열정적으로 일하던 모습이 많이 생각나고 그리워질 것입니다. 아무쪼록 잘 다녀오시기 바랍니다. 아님, 이곳에서 지금까지 이루지 못한 일을 그곳에서 이루는 것도 괜찮을 것도 같습니다. (사무관 승진 등). 이곳에서 서운한 일, 아쉬웠던 일은 잊으시고 지식경제부에서 인정하는 꼭 필요한 공무원이 되시기 바랍니다. 제가 처음 발령받은 곳이 발한동주민센터잖아요. 저에게 잘 대해 주셨는데..... 마음과는 다르게 제 마음을 잘 표현하지도 못했습니다. 이렇게 헤어질 때 말씀을 드리게 되어 죄송하게 생각합니다. 그동안 많이 고마웠습니다. 그렇다잖아요. 아들, 딸 호호불어 키워 났더니 지들 힘으로 자란 것 마냥 부모를 무시한다잖아요. 적절한 비유가 되는지는 몰라도 하여간 죄송하고 고맙습니다. 기회가 주어진다면 잘 모시고 싶습니다. 무엇보다 건강이 최고입니다. 건강 챙기시면서 잘 다녀오십시오. 회의가 있다기에 이만 줄입니다.

-박종을-

그동안 고생 많으셨습니다. 물방울 송별식 참석도 못하여 제대로 인사도 못 드린 것 같아요. 잘 다녀오시구요... 일에서는 열심히 하시는 분이라 생활에서도 잘 적응하시리라 믿어요... 건강하세요...

-최정녀-

2년간에 외유 몸 건강히 잘 다녀오시고 열심히 하셔서 2년 후 중앙부서 소속으로 동해시를 잊지 않고 계속 근무하시며 승승장구 바랍니다. 특히 마라톤 너무 무리하지 마쇼.

-관광개발과 김동규-

계장님~~ 몸 건강히 잘~ 다녀오세요... 2년이라는 시간 금방 휙 하고 지나가는 것 같아요... 계장님이 세무과로 가신 것도 꽤 여러 달이 지났지만 엊그제 일처럼 느껴지거든요~~ 항상 열심히 일하시는 계장님... 높은 곳에 가셔서도 잘하시리라 믿습니다... 항상 건강하시고.. 다음에 또 뵐게요..^^

-윤영자-

15

2년 후에는 어떤 변화가?

15/ 2년 후에는 어떤 변화가?

보통 파견기간은 1년

2년, 생각하기에 따라 길다고 하면 길고, 짧다고도 할 수 있다. 일반적으로 파견근무기간이 1년이고, 1년의 범위 안에서 연장 가능하다고 한다. 그러나 본연의 직장과 생활권에서 떠나 수도권에서 생활하는 것이 많이 불편하고, 인사상 불이익 받을 수밖에 없으므로 연장하지 않고 다른 직원으로 교체된다고 한다. 왜, 강원도와 동해시에서는 유별나게 2년으로 했을까를 생각하게 된다. 매년마다 의무적으로 파견근무자를 선정하는 것이 귀찮아서일까? 아니면 다른 목적, 강원도에도 어느 정도는 특구전문가를 양성하기 위해서일까? 어떤 목적과 이유 때문인지는 직접 알아보지 않았으므로 모르겠다. 2년간 파견한다는 사실이 있었고, 자원하였으며, 선정되어 현재 내가 이곳에 있다는 것이 중요한 것이다. 만약, 파견근무 기간이 1년이었다면 어떤 선택을 하였을까도 되돌아보게 된다. 당시에 맞닥뜨린 현실이 아니므로 추측에 불과하지만 결코 하지 않았을 것이라 생각된다. 1년이라는 시간도 생각하기에 따라 다르겠지만 31년이라는 오랫동안 타성에 젖어 있던 내게 어떤 전환점을 만들기 위해서는 너무 짧은 시간으로 받아들였을 것 같다.

2년 동안에 할 수 있는 것들

현역병 복무기간은 21개월이다. 남자들을 가장 꽃다운 청춘에 가장 괴롭히는, 아니 국방의 의무라는 신성한 병역의무를 마칠 수 있는 짧지 않은 기간이다. 2년제 고등학교와 2년제 사이버대학·대학교(전문대학)도 있으며 2년 과정의 대학원도 있다. 자기가 정한 특정분야의 배움을 충분하게 마칠 수 있는 시간도 될 수 있는 것이다. 농사도 두 번(이모작이 가능한 곳에서는 4번)이나 지을 수 있다. 지방의회 의원 및 지방자치단체장과 국회의원의 임기는 4년으로서 그 절반에 해당하는 기간이므로 결코 짧지 않은 시간이라 할 수 있다. 2년 이내의 시한부 삶을 살고 있는 사람들에게는 엄청나게 길고 소중한 시간이 될 것이며, 이밖에도 찾아보면 얼마든지 많이 있을 것이다.

내게 주어진 시간은 2년

내게 주어진 시간은 2년이다. 지경부에서 근무한 지 3개월이 다 되어가는 지금, 이젠 21개월 정도 남은 셈이다. 1년이 지나 다시 연장할까 말까를 고민할 필요도 없고, 처음부터 2년이라는 정해진 기간 동안 몰두할 수 있으니 차라리 잘 되었다는 생각이다. 만약 1년간 조건인데 1년 더 연장 근무하겠다고 한다면 나를 가까이에서 지켜보던 사람들은 과연 어떻게 받아들일까? 기우(杞憂)일 수도 있겠지만 "동해시에서 일하기 싫어하고 지식경제부에서 더 일하기를 바라는 놈, 동해보다는 수도권에서 생활하기를 좋아하는 놈, 동해시에 불만이 많은 놈, 가정과 가족에 대하여 크게 신경 쓰지 않는 놈" 등으로 바라보지는 않을까 하는 생각도 든다. 파견 처음에는 새로운 직장에서 낯선 사람들을 사귀고, 업무를 새로 익혀야 하며, 낯선 지역에서 혼자 생활해야 하므로 내 노력 여하에 따라 다르겠지만 상당기간 동안 적응하는 데 시간을 허비해야 한다. 동해시청에서 30년 넘게 근무하였지만, 발령받고 새로운 부서로 자리를 옮길 경우에도 새 업무, 그리고 관련된 사람들을 익혀 정상적으로 업무 처리하는 데는 통상 몇 달간의 시간이 걸렸음을 감안할 때 그 이상의 기간이 소요될 것으로 생각된다.

2년간이면 730일 17,520시간이다. 2012년에는 휴일이 116일이며, 2013년은 115일이라고 한다. 공휴일을 빼면 499일이 남으며, 연간 20일씩의 연가일수를 제외하면 실제로 일하는 날은 449일이다. 근무시간에는 개인적인 일하는 것이 물리적으로 불가능하므로 그 이외의 시간을 최대한 내 것으로 유익하게 활용해야 한다. 이 시간의 활용 정도에 따라 내가 이루고자 하는 것들의 성패가, 결실의 많고 적음이 달려 있는 것이다.

내 계획과 목표

우선적으로 목표하는 것은 새로 맡고 배우게 될 "지역특화발전특구" 업무를 확실하게 깨우치는 것이다. 일을 처리함에 있어 전혀 막힘없도록 익히고, 지역특구가 소망하고 기대하는 소기의 성과를 거둘 수 있도록 적극적으로 돕는 것이다. 두 번째는 처음으로 중앙부처에 근무하며 업무적으로나 개인적으로 만나게 되는 많은 사람들과 좋은 인간관계를 맺고, 유대를 강화하는 것이다. 내가 지금까지 수십 년간 접촉하며 관계를 맺어오던 사람들과는 생각과 안목, 지향하는 목표와 생활습관 등이 전혀 다르다고 할 수 있다. 이들로부터 다른 점, 좋은 점, 배울 점을 최대한 찾아 타산지석(他山之石)으로 삼아야 한다. 내 것으로 만들어야 한다. 셋째는 수도권의 경제·사회·문화·관광·생활환경도 동해시와는 전혀 다르다. 30년 넘게 몸에 밴 타성적 생활습관을 과감하게 버려야 한다. 수도권 시민들의 생활패턴을 하루빨리 몸에 배도록 하면서 가능하다면 인식과 생각도 바꿔야 한다. 가급적 많은 것을 보고, 듣고, 느끼고, 배워 내 것으로 만들어야 한다. 이 밖에도 개인적으로 가지고 있는 몇 가지의 목표가 있다. 넷째는 파견근무하면서 동해시와 동해시 행정에 도움이 될 수 있는 일을 찾아 최대한 지원하는 것이다. 동해시에서도 늘 인력이 부족하다는 여러 부서의 불평불만을 뒤로 제쳐놓고 직원 한 명을 빼내어 파견 보낼 때는 뭔가 얻고자 의도하는 것이 있을 것이다. 개인적으로 할 수 있는 것은 물론, 시 차원에서 공식적으로 추진하는 것도 최대한 도움이 되도록 노력할 것이다. 이 밖에 지금도 나쁘지는 않지만 더 나은 건강상태의 유지, 동해시보다는 훨씬 여건이 좋아진 수도권에서의 마라톤대회 참가회수 증대, 내가 좋아하는 유명 작가와의 만남 및 수도권 생활 중에 느낀 내용 위주의 꾸준한 글쓰기 등 개인적으로 이루고자 하는 것들이 몇 가지 있다. 50이 넘은 이 나이에 무슨 계획을 세우고, 앞으로 무엇을 어떻게 해보겠다는 것이 스스로 보기에도 쑥스러운 느낌이 들고, 남들에게는 "유치해 보일 수도 있겠구나" 하는 생각도 든다. 그러나 해보련다. 내 삶에, 그리고 생활에 많은 변화를 이끌어내기 위해 노력할 것이다. 파견이 끝난 2년 뒤가 변화를 위한 도전의 끝은 확실하게 아니다. 변화가 한창 진행 중이거나 아니면 또 다른 변화가 시작되는 과정이 될 것이다.

16

가장 적당한 시간은 분명히 정해져 있다

16/ 가장 적당한 시간은 분명히 정해져 있다

'시간'의 사전적 뜻

늘 사용하는 단어인 '시간'을 다음 국어사전에서 검색하니 그 뜻이 8가지가 나온다. ① 과거, 현재, 미래로 이어져 머무름이 없이 일정한 빠르기로 무한히 연속되는 흐름 ② 한 시점에서 다른 시점까지의 사이 ③ 특정한 일을 위해 따로 지정해 놓은 때 ④ 연속성 속에서의 특정한 시점 ⑤ 사람이 자기의 일과 결부해서 주관적으로 정하여 놓은 동안 ⑥ [철학] 모든 존재의 비가역적(非可逆的) 변화와 현상의 지속성이 근거를 두는, 물질의 기본적인 존재 형식 ⑦ [물리] 현상의 변화 과정. 또는 서로 관련을 가지는 여러 현상의 인과 관계를 규명하는 데 쓰이는 변량(變量) ⑧ 수 관형사 뒤에서 의존적 용법으로 쓰여, 하루의 24분의 1이 되는 동안을 세는 단위를 나타내는 말 등이다. 기억에 의하면 시간이란 낱말을 찾아보는 것이 처음인 것 같다. 왜 지금까지 시간이란 단어를 단 한 번도 찾아보지 않았을까? 굳이 사전을 뒤져가면서 그 의미를 찾아야 할 정도로 어렵고 낯선 단어가 아니라고, "시간? 아, 그거" 기본적으로 당연히 아는 것으로 인식하였기 때문일 것이다. 이 나이에, 그리고 이 시점에서 새삼스럽게 시간에 대하여 생각해보니 머리가 꽤 복잡해지고 어려워진다. 시간이라는 것이 생각하는 관점에 따라 매우 단순할 수도, 끝도 없이 어려울 수도 있을 것 같다.

시간과 때에 관한 격언과 명언

시간과 때에 관한 격언과 명언을 "우리나라 속담사전", "속담 토피아", 기타 여러 곳(eminem486, secreto79, alllllltogether, eotls1066 등)에서 검색하여 모아 보았다. 평상시에 애쓰신 여러분들의 도움을 받아 글이 이루어지니 정말 고마운 마음이다. 그분들이 인터넷에 올린 자신감을 믿고 또 다른 사람들에게 널리 알리고자 하는 노고 등을 감안하여 일일이 확인해보지는 않았다. 내가 본 것만 해도 2백여 가지가 넘는데 그보다 훨씬 더 많을 것이라 생각된다. 그 중 시간의 중요성을 되새겨 보면서 주제와 관련된 것들을 열거해본다. 또한 읽어보면 쉽게 이해될 것 같으므로 군더더기로 설명도 붙이지 않는다.

- 시간은 금(돈)이다.
- 시간은 언제까지든 당신을 기다리는 것은 아니다.
- 시간을 이용할 줄 아는 사람은 하루를 사흘로 통용한다.
- 시간이 모든 것을 말해준다.
- 시간은 쏜살같이 흐른다(시간은 유수와 같다).

- 십 년이면 강산도 변한다.

- 죽은 과거는 묻어버려라. 그리고 살아있는 현재에 행동하라.

- 우리의 어제와 오늘은 우리가 쌓아올리는 벽돌이다.

- 현재에서 미래는 태어난다.

- 짬을 이용하지 못하는 사람은 항상 짬이 없다. (유럽의 속담)

- 일은 그것이 쓰일 수 있는 시간이 있는 만큼 팽창한다.
  (퍼킨스)

- 오늘이라는 날은 두 번 다시는 오지 않는다는 것을 잊지 마라.
  (단테)

- 계획이란 현재에 대한 미래의 결정이다. (드래커)

- 전력을 다해서 시간에 대항하라. (톨스토이)

- 지금이야말로 일할 때다. 지금이야말로 싸울 때다. 지금이
  야말로 나를 더 훌륭한 사람으로 만들 때다. 오늘 그것을
  못하면 내일 그것을 할 수 있는가. (토마스 아켐피스)

- 지나가는 시간이란 잃어버린 시간이며, 게으름과 무기력한
  시간이며, 몇 번이고 맹세를 해도 지키지 못하는 시간이며,
  때때로 이사를 하고 끊임없이 돈을 구하는 데 분주한 시간
  이다. (j.P. 샤르트르)

- 하루하루를 우리의 마지막 날인 듯이 보내야 한다.
  (푸블릴리우스 시루스)

- 한가한 때 헛되이 세월을 보내지 않으면 다음날 바쁠 때 쓰
  임이 있게 되고, 고요한 때에도 쉼이 없다면 다음날 활동할
  때 도움이 되느니라. 남이 안 보는 곳에서도 속이거나 숨기

지 않으면 여럿이 있는 곳에 나갔을 때 떳떳이 행동할 수 있느니라. (채근담)

- 희망과 근심, 공포와 불안 가운데 그대 앞에 빛나고 있는 하루하루를 마지막이라고 생각하라. 그러면 예측할 수 없는 시간은 그대에게 더 많은 시간을 줄 것이다. (호레스)

- 시간과 정성을 들이지 않고 얻을 수 있는 결실은 없다. (그라시안)

- 시간을 지배할 줄 아는 사람은 인생을 지배할 줄 아는 사람이다. (에센 바흐)

- 시간을 최악으로 사용하는 사람들은 시간이 부족하다고 늘 불평하는 데 일인자이다. (라 브뤼에르)

- 시간의 걸음걸이에는 세 가지가 있다. 미래는 주저하면서 다가오고, 현재는 화살처럼 날아가고, 과거는 영원히 정지하고 있다. (F. 실러)

- 시간의 참된 가치를 알라. 그것을 붙잡아라. 억류하라. 그리고 그 순간순간을 즐겨라. 게을리하지 말며, 해이해지지 말며, 우물거리지 마라. 오늘 할 수 있는 일을 내일까지 미루지 마라. (체스터필드)

- 오늘의 식사는 내일로 미루지 않으면서 오늘 할 일은 내일로 미루는 사람이 많다. (C. 힐티)

- 인간은 항상 시간이 모자란다고 불평을 하면서 마치 시간이 무한정 있는 것처럼 행동한다. (세네카)

- 일하는 시간과 노는 시간을 뚜렷이 구분하라. 시간의 중요성

을 이해하고 매 순간을 즐겁게 보내고 유용하게 활용하라. 그러면 젊은 날은 유쾌함으로 가득 찰 것이고 늙어서도 후회할 일이 적어질 것이며 비록 가난할 때라도 인생을 아름답게 살아갈 수 있다. (루이사 메이 올콧)

- 짧은 인생은 시간의 낭비에 의해 더욱 짧아진다. (S. 존슨)
- 시간을 단축시키는 것은 활동이요, 시간을 견디지 못하게 하는 것은 안일함이다. (괴테)
- 오늘 달걀 하나를 가지는 것보다 내일 암탉 한 마리를 가지는 쪽이 낫다. (플러)
- 오늘 할 수 있는 일에만 전력을 쏟으라. (뉴턴)
- 나는 장래의 일을 절대로 생각하지 않는다. 그것은 틀림없이 곧 오게 될 테니까. (아인슈타인)
- 미래를 신뢰하지 마라, 죽은 과거는 묻어버려라, 그리고 살아있는 현재에 행동하라. (롱펠로)
- 오늘 하루를 헛되이 보냈다면 그것은 커다란 손실이다. 하루를 유익하게 보낸 사람은 하루의 보물을 파낸 것이다. 하루를 헛되이 보냄은 내 몸을 헛되이 소모하고 있다는 것을 기억해야 한다. (앙리 프레데리크 아미엘)
- 시간을 선택하는 것은 시간을 절약하는 것이다. (베이컨)
- 시간이 말하는 것을 잘 들어라. 시간은 가장 현명한 법률고문이다. (페리클레스)
- 가라, 달려라, 그리고 세계가 6일 동안에 만들어졌음을 잊지 마라. 그대는 그대가 원하는 것은 무엇이든지 나에게 청구

할 수 있지만 시간만은 안 된다. (나폴레옹)

- 가장 바쁜 사람이 가장 많은 시간을 가진다. 부지런히 노력
  하는 사람이 결국 많은 대가를 얻는다. (알렉산드리아 피네)

- 그대는 인생을 사랑하는가? 그렇다면 시간을 낭비하지 마라.
  왜냐하면 시간은 인생을 구성한 재료니까. 똑같이 출발하였
  는데, 세월이 지난 뒤에 보면 어떤 사람은 뛰어나고 어떤 사
  람은 낙오자가 되어 있다. 이 두 사람의 거리는 좀처럼 접근
  할 수 없는 것이 되어 버렸다. 이것은 하루하루 주어진 시간
  을 잘 이용했느냐 이용하지 않고 허송세월을 보냈느냐에 달
  려 있다. (벤저민 프랭클린)

- 그대의 하루하루를 그대의 마지막 날이라고 생각하라.
  (호라티우스)

- 내가 헛되이 보낸 오늘 하루는 어제 죽어간 이들이 그토록
  바라던 하루이다. 단 하루면 인간적인 모든 것을 멸망시킬
  수 있고 다시 소생시킬 수도 있다. (소포클레스)

- 내일은 시련에 대응하는 새로운 힘을 가져다줄 것이다.
  (C.힐티)

- 때가 오면 모든 것이 분명해진다. 시간은 진리의 아버지이다.
  (타블레)

- 변명 중에서도 가장 어리석고 못난 변명은 "시간이 없어서"
  라는 변명이다. (에디슨)

- 세월은 누구에게나 공평하게 주어진 자본금이다. 이 자본을
  잘 이용한 사람에겐 승리가 있다. (아뷰난드)

- 승자는 시간을 관리하며 살고, 패자는 시간에 끌려 산다.
  (하비스)

모든 것은 시간 속에서

세상의 모든 것은 시간으로 시작해서 시간으로 끝난다고 해도 될 것 같다. 결국 만물의 영장(靈長)이라는 인간의 생명조차도 태어나는 시간으로 시작해서 죽음을 맞이하는 시간으로 끝나지 않는가? 한 개인의 하루부터 죽음에 이르는 순간까지 정해진 시간 속에서 삶을 살아가고 있다. 사람마다 차이는 있지만 자고, 먹고, 마시고, 일하는 시간이 정해져 있다. 백일, 돌을 비롯하여 회갑, 칠순 등이 정해져 있다. 유치원, 초등학교, 대학교, 군대 입영, 취업과 결혼 적령기도 있다. 언제 예방 접종해야 하고, 얼마 동안 숨 쉬지 못하거나 먹지 못하면 죽고, 어디를 다치거나 어디가 좋지 않으면 얼마 동안밖에 살지 못한다는 등 모든 것이 시간에 얽매어 있다. 어디 이뿐인가? 출생, 사망, 전출입, 세금 납기, 주민등록 신고, 재산의 취득과 판매, 대중교통이나 항공기 및 선박의 운행, 학교 수업과 입학 및 졸업, 사업의 시작부터 폐업 등 우리가 생각하고 활동하는 모든 것이 시간의 구속과 통제 속에서 이루어지고 있는 것이다.

개인을 벗어나 보자. 가정은 어떤가? 부부관계는 또 어떤가? 형제자매를 넘어 사회에서 만나는 사람, 그 와중에서 벌어지는 일들 또한 모두 시간과 관련되어있다. 내가 소속되어 있는 수많은 작은 그룹부터 시작하여 무수히 많은 계층으로 이루어진 조직, 지역사회에서 활동하고 있는 이루 헤아릴 수 없을 만큼 많은 단체, 지금 내가 몸담고 있는 공직사회의 이·반(里·班)부터 대통령실까지의 복잡하고 수많은 조직은 물론 나라를 벗어나 국제관계라는 이름 아래 다른 나라와는 또 다른, 그리고 더 폭넓은 시간관계를 맺는다.

이 모든 행위와 상황의 주체는 누구인가? 나, 당신, 그리고 우리들이다. 혼자로서도 시간에 붙잡혀 있지만 가정이라는 최소단위의 사회로부터 지구와 인류라는 가장 넓은 곳에 이르기까지 논의의 대상은 바로 나 자신이고 나를 둘러싸고 있는 시간관계인 것이다.

적당한 시간

'적당한 시간'은 어떤 것을 말하는 것일까? 법적으로 정해져 있거나 사회 통념상 원만하다고 받아들일 수 있는 시간을 말한다고 생각된다. 법적으로 정해져 있는 시간 안에 의무를 다하지 않게 되면 그에 상응하는 대가를 치를 수 있다. 또한 권리를 행사하지 않으면 불이익을 당하게 될 수도 있다. 그렇다고 미리 앞당겨 해서도 안 되고, 만약 하게 되면 역시 처벌을 받게 된다. 태어날 것을 예상해서 미리 출생 신고할 수도 없고, 언젠가 죽게 된다고 사망신고를 당겨서 할 수도 없는 일이다. 사회통념이 사회적 이슈가 되고 시민 대다수의 지지를 얻어 법으로 귀착된다고 볼 때 사회통념이라는 게 보편적인 생각이고, 대단히 중요하게 받아들이는 것이 타당하다고 본다. '예외 없는 규칙은 없다'라는 말이 있듯이 법도 그대로 집행되지 않으므로 사회통념을 벗어나는 일도 빈번하게 볼 수는 있을 것이다.

여기에서는 한 개인의 생애에서 성장과 발전의 시기를 거론하는 것이므로 최소한의 범위로 한정하고자 한다. 내가 지금까지 살아오면서 숱하게 들어왔던 바에 따르면 유아원은 3~5세, 유치원 5~7세, 초교는 6~8세, 중학교는 12~14세, 고등학교는 15~17세, 대학교는 18~20세, 군대는 20~22세, 결혼적령기는 25~27세, 첫 취직은 18~25세 등에 시작하는 것이 바람직하다는 것이었다. 내 삶도 경험하지 못한 것을 제외하고는 이 범위 안에서 모두 이루어졌다. 또한 지금까지 내 주변에서 보아왔던 대부분 사람들의 인생도 대동소이(大同小異)하다. 앞에서 열거한 연령대별 생애주기(生涯週期)는 시대의 변천, 상황과 여건의 변화에 따라 조금씩 달라지는 것 같다. 결혼적령기와 취업연령은 예전에 비하여 더 많아졌음을 느낀다. 여기에서 더 나가 취업하고 결혼한 이후에는 몇 년 안에 자녀를 가져야 하고, 내가 겪은 것과 같은 자녀의 생애주기를 보면서 양육하게 된다.

공직 생애주기를 가지고 판단한다면 계급별 법정 승진 소요 최저연수보다는 평균 승진 소요연수로 따져보는 것이 합당하리라 생각된다. 최저연수가 9급은 2년 이상, 7·8급이 3년 이상, 6급이 4년 이상, 4·5급이 5년 이상, 3급 이상은 3년 이상 등이다. 그러나 행정안전부에서 5년 주기로 실시한 "2008년 공무원 총조사"에 따르면 계급별 평균 승진 소요연수는 8급이 4년, 7급이 6.6년, 6급이 7.2년, 5급이 9.7년으로 나타나고 있다. 예를 들어

25세에 9급 공무원이 되었다면 8급은 29세, 7급은 36세, 6급은 43세, 5급은 53세 정도가 적당하다는 것이다.

가장 적당한 때는 매우 중요하고, 그때는 분명하게 있다.

가장 적당한 때가 왜 중요한 것일까? 그때가 정신과 육체, 경제와 사회적인 면 등 모든 방면에서 최고, 최대의 성과를 낼 수 있고 가장 원만하다고 받아들이기 때문일 것이다. 어느 정도의 정해진 시기보다 빠르거나 늦으면 천재나 신동 등 극히 예외적인 경우가 있기도 하지만, 일반적으로 어떤 면에서든지 미성숙하거나 부족한 것으로 인식한다. 모든 여건과 상황을 감안하여 스스로 또는 관계되는 사람들이 신중하게 선택하고 결정한 것이지만, 외부에서 바라보는 타인의 시선이 그렇지 않다는 것이다. 공부는 부모가 도와주는 학창시절을 놓치면 시간과 학자금 만들어내기가 쉽지 않다. 결혼도 적령기를 넘기면 주위에서 달리 바라보고, 배우자의 선택 상대에서 갈수록 멀어지므로 시간이 지날수록 더 어려워진다는 것이다. 농사는 파종시기를 놓치면 제때에 정해진 수확을 하지 못하며, 어업도 물고기가 회유하는 시기를 놓치면 영원히 잡지 못할 수도 있는 것이다. 게임에 참여하는 선수가 경기 시작 시간을 맞추지 못한다면 선수 생활에 큰 영향을 미칠 것이다. 재판을 받는 사람이 정해진 시간에 법정에 도착하지 못했다면 그 재판은 과연 어떻게 될 것인가? 중요한 약속을 해놓고 약속시각을 잊어버렸거나 늦었다면 원하는 결과를 얻기는 어려울 것이다. 군대 입영시기를 늦춰 몇 년 뒤에 입대하였다면 나이가 훨씬 어린 동생뻘의 고참에게 있는 수모, 없는 수모를 모두 받아야만 한다. 더러 정해진 시간을 지키지 못하였기 때문에 사고를 피했다는 등의 얘기를 듣는 경우도 있으나 과연 얼마나 될 것인가? 모든 사건이나 사고, 그리고 부정적인 일들에 대하여 "만약 그때가 아니었다면 일어나지 않았을 것이다"라고 말한다면 뭐라고도 설명할 수가 없다. 하지만 대부분은 정해진 시간이나 시기를 맞추기 위하여 많은 노력을 기울일 것으로 생각된다.

기초지방자치단체에서 상급이나 중앙으로 공무원을 발탁하는 시기는 대개 8, 9급이고 7급도 극히 제한적이다. 왜 그럴까? 젊고, 경험이 많지 않으므로 새로운 것을 배우고 익히기에 쉬울 것이다. 부양가족이 어리거나 적으므로 새로운 곳에서 터전을 마련하기에도 그만큼 부담이 줄어들 것이다. 계급조직이지만 나이도 무시할 수 없는 상황에서 가급적 젊은 사람이 조직을 운영하는 데 있어 마찰과 저항을 줄이게 될 것이다. 찾아보면 더 많은 이유가 있겠지만 이것만으로도 충분한 설명이 될 듯하다.

살펴보았듯이 가장 적당한 때는 매우 중요하고, 분명하게 있다. 그때를 놓치면 나중에 후회하게 되고 그만큼의 대가를 반드시 치러야 한다. 모든 여건을 고려하여 나에게 최선(最善)이 아니면, 차선(次善)의 때를 찾아 일을 벌여야만 한다.

최선이라고 선택하였지만 결과적으로 볼 때는 그렇지 못한 경우도 생길 수 있다. 최선이라고 생각하는 시기도 중요하지만 그 이후에 선택한 일이 최고, 최대의 성과를 거둘 수 있도록 노력하는 것도 대단히 중요하다. 모든 일과 시기의 선택은 결과를 근거로 인과관계에 놓일 수밖에 없고 그에 따라 평가가 내려지기 때문이다.

양원희

한국방송통신대학교 국어국문학과 졸업(2005)
한국방송통신대학교 관광학과 졸업(2010)
2012.3.2~2014.3.1 지식경제부 지역특화발전 특구기획단 파견근무
현) 강원도 동해시청 근무(1981년 7월부터)
　　한중대학교 경영대학원 호텔카지노관광경영학과 재학

2002년 7월 마라톤 시작
풀코스 51회 완주, 100km 1회 완주

『마라톤 아무것도 아니다』(2009)
『나는 아직 진행형』(2010)
『마라톤 뛰는 것만이 아니다』(2010)
『방위병 아버지와 병장 아들』(2011)
『나는 9급 공무원이다』(2012)

우물 뛰쳐나가는 시간 따로 있는가?

초 판 인 쇄 | 2012년 9월 3일
초 판 발 행 | 2012년 9월 3일

지 은 이 | 양원희
펴 낸 이 | 채종준
펴 낸 곳 | 한국학술정보㈜
주　　　소 | 경기도 파주시 문발동 파주출판문화정보산업단지 513-5
전　　　화 | 031) 908-3181(대표)
팩　　　스 | 031) 908-3189
홈 페 이 지 | http://ebook.kstudy.com
E - m a i l | 출판사업부　publish@kstudy.com
등　　　록 | 제일산-115호(2000. 6. 19)

ISBN　　978-89-268-3697-2 03040 (Paper Book)
　　　　978-89-268-3698-9 05040 (e-Book)

이담 Books 는 한국학술정보(주)의 지식실용서 브랜드입니다.